EXISTENTIAL
KINK

일러두기 이 책에는 종종 노골적인 표현(욕설과 성적 은어 등)이 나옵니다. 저자의 의도를 고려하여, 굳이 순화하지 않고 최대한 원문의 느낌을 그대로 전달하고자 했으니 독자 여러분의 양해를 구합니다.

실존적 변태 수업

KINK

캐럴린 엘리엇 지음

김정은 옮김

정신세계사

킹크

ⓒ 캐럴린 엘리엇, 2020

캐럴린 엘리엇 짓고, 김정은이 옮긴 것을 정신세계사 김우종이 2020년 10월 5일 처음 펴내다.
이현율과 배민경이 다듬고, 변영옥이 꾸미고, 한서지업사에서 종이를, 영신사에서 인쇄와 제본을,
하지혜가 책의 관리를 맡다. 정신세계사의 등록일자는 1978년 4월 25일(제2018-000095호),
주소는 03965 서울시 마포구 성산로4길 6 2층, 전화는 02-733-3134, 팩스는 02-733-3144,
홈페이지는 www.mindbook.co.kr, 인터넷 카페는 cafe.naver.com/mindbooky 이다.

2024년 7월 16일 펴낸 책(초판 제5쇄)

ISBN   978-89-357-0443-9 03190

이 도서의 국립중앙도서관 출판시도서목록(CIP)은 서지정보유통지원시스템 홈페이지(http://
seoji.nl.go.kr)와 국가자료공동목록시스템(http://www.nl.go.kr/kolisnet)에서 이용하실 수
있습니다. (CIP제어번호: CIP2020038616)

차례

"캐럴린의 책은 빛과 사랑에만 치중하는 자기계발서와 영적 가르침의 한
계를 날카롭게 지적하는 동시에 우리의 그림자가 수치심으로 둘러싸인 벽
장에서 풀려나도록 부드럽게 인도함으로써 깊은 영적 안식과 축복의 마음
을 선사한다. 그뿐 아니라 캐럴린은 우리의 영적 성장과 마법 수행이 아무
리 지지부진한 성과를 보일 때일지라도 대단히 재미있을 수 있다는 사실을
보여준다. 예복이나 만트라mantra, 구루guru 없이도 고대의 탄트라tantra와
연금술에 대해 이해할 수 있도록 안내하는 그녀의 노련한 가르침은 독자들
에게 큰 선물이다."

— 알렉산드라 록소Alexandra Roxo, 《여신처럼 퍼킹하라》(F*ck Like a Goddess) 저자

"이 도발적인 데뷔작을 통해 엘리엇은 무의식에 숨어 있는 금단의 욕망을
마음껏 탐색해볼 것을 권한다. 그녀는 융의 그림자 개념을 바탕으로 인간
의 억압되고 부정당한 면은 부정적인 방식으로 표출됨을 지적하면서, 인간
이 무의식적 차원에서 이러한 비뚤어진 느낌을 즐길 수 있고, 그림자가 야
기하는 터부시되는 즐거움에 흥분할 수 있다고 주장한다. 그녀의 명상법
(실존적 변태 명상)은 이러한 패턴을 의식화하는 급진적이고, 신체적이고,
야하고, 효과가 빠른 실용적인 방법으로서 명상과 주문 외우기 수행을 통
해 우리의 무의식과 영-혼 차원에 접근하여 결과적으로 부정적 패턴을 해
체한다. 엘리엇의 신선한 방법은 삶에 더욱 많은 긍정성을 끌어오고자 하
는 영적인 독자들에게 많은 도움이 될 것이다."

— 퍼블리셔스 위클리Publishers Weekly

"고백할 게 하나 있다. 나에게는 내 과거와 관련해 지나치게 오랫동안 붙들고 있던 이야기들이 있다. 겉으로 봤을 때는 전혀 이해가 가지 않았다. 왜 나는 이런 상황에 집착하지? 왜 나는 이것들을 놓을 수가 없을까? 하지만 캐럴린 엘리엇의 실존적 변태 수업에서 나는 내가 그 오랜 세월 동안 찾던 답을 얻었다. 나는 어떤 수준에서 그 슬픈 이야기들에 흥분하고 있었던 것이다. 순교자 놀이를 하는 건 기분이 좋았다. 이 책에 나온 연습을 적용하기 시작하면서 나는 그 생각을 뒤집을 수 있었고 결국 그 트라우마에서 영원히 해방되었다. 이 책은 당신의 그림자적인 면을 새로운 눈으로 바라보게 만들 것이다. 보기 싫다고 무시하거나 오랜 흉터를 '사랑과 빛'으로 덮어버리는 대신, 당신은 어둠에서 힘을 찾는 방법을 배우게 될 것이다. 그렇게 하면 재미있는 일이 벌어진다. 당신은 자유로워진다."

— 테레사 리드Theresa Reed, 《진정한 삶을 위한 점성술》(Astrology For Real Life) 저자

"이것은 실용적이고 정말 이해하기 쉬운 그림자 통합 방법이다. 그 누구도 그림자 통합에 대해 이렇게 확실하게 설명해주지 않았다. 당신이 평생토록 거부해온 존재의 면면들을 인정하는 건 정말 어려운 일일 수 있다. 보는 건 말할 것도 없고. 하지만 정말 기쁘게도 캐럴린은 왜 그림자 통합이 그토록 중요한 일인지 시적이고 유려한 언어로 설명할뿐더러 그 방법을 간단한 단계로 가르쳐준다!"

— 아케라 운파 솁수테라Akhera Unpa Shepsutera

"이건 진짜다. 실존적 변태 방법은 감정을 발산하고 드러내는 데 효과적이다. 나는 감정의 혼란스러움을 정돈해줄 도구를 마침내 발견했다. 더 이상 감정은 영원히 떼어낼 수 없는 고문 장치가 아니다."

— 엘런 가바리노Ellen Garbarino

"실존적 변태 수업은 나의 드라마와 트라우마를 직면케 해주는 해방적인 방법이다. 내 피해자성을 강점으로 만들고 나의 탓하기 습관을 약화시키는 실존적 변태 수업만의 방식은 대단히 놀랍고, 이제는 그야말로 무적이다. 나 자신을 직면하는 능력은 이전보다 훨씬 커졌다. 나의 자기연민과 수동적 태도(reactivity)를 보는 시선 역시 달라졌다. 이제 나는 내 삶을 온전히 책임지는 데 훨씬 가까워지고 있다. 게다가 이 모든 것을 가벼운 마음으로, 자기혐오 없이 해내고 있다."

— 모이라 로위Moira Lowe

"엿 같은 상황에 부딪혔을 때, 일단 실망부터 하기보다는 이를 축복하고 흥분하는 법을 나는 여전히 배우고 있다. 이것은 확실히 아리송하고, 쉽지 않다. 하지만 세상에나, 삶을 살아가는 방식으로서 이보다 더 끝내주게 재미있고 충만한 게 없다!"

— 미셸 루이스Michelle Lewis

제가 진행하는 온라인 강좌인 영향력(Influence), 자연의 힘(For-ce of Nature), 돈(Money), 사랑(Love), 흥분(Thrill)에 참여한 모든 수강생들께. 이 날것의 강좌에 당신들이 보여준 깊은 정직성과 헌신에 감사드립니다. 여러분의 열정이 저에게는 크나큰 즐거움입니다.

저의 마녀 친구들인 크리스털 우들링Crystal Woodling, 애니 데릭Annie Derek, 안젤라 모렐리Angela Morelli, 캐럴린 번스Carolyn Burns, 알리사 슐럼프Alyssa Schlumpf에게. 그대들이 내게 보여준 용기와 지혜, 쓴 약, 그리고 배꼽 웃음에 감사드립니다.

마지막으로 남편인 데이비드 리 엘리엇David Lee Elliott(애칭은 타이아 케퍼Taia Kepher)에게. 가장 마법적으로, 변태적으로, 최선을 다해 나를 미치게 만드는 남편에게 감사의 말을 전합니다.

실존적 변태 수업이란 무엇인가?

도발적인 제목이라는 것을 인정한다. 그러나 이 제목이 정확히 뜻하는 바는 무엇일까? 실존적 변태 수업(Existential Kink, EK)은 내가 수년간 진행해온 코스를 통해 갈고 닦은, 빠르고도 효과가 뛰어난 그림자 통합 과정이다. 이 과정을 통해 내 코칭 고객들과 강좌 수강생들이 얻은 결과는 눈부시다. 바로 그 과정을 이 책을 통해 당신과 함께하고 싶다.

실존적 변태 수업은 내가 가르치는 구체적인 명상법으로서, 우리가 사실상 (역설적이게도) '역겨운' 부정적 패턴에서 느끼던 무의식적 쾌감을 기꺼이 드러내고 즐김으로써 그러한 부정적인 패턴을 해소하는 과정이다.

여기서 말하는 부정적 패턴이란 좀더 구체적으로 말해 다음과 같은 일반적인 문제들이다.

- 아무리 노력해도 매달 쥐꼬리만 한 돈밖에 벌지 못한다.
- 나를 학대한 부모와 놀라우리만치 똑같은 사람과 계속 사귀게 된다.

- 특정한 건강 문제나 체중 문제에서 벗어날 수가 없다.
- 직관이나 창작력이 막혀 흐르지 않는다.

솔직히 말해 우리 모두는 살면서 한 번쯤은 이런 종류의 일들로 인해 고통받는다. 그리고 완전히 까놓고 더 솔직해지자면, 즉 통상적인 인식 너머로 더 깊은 수준에까지 솔직해지자면, 우리 모두는 이러한 고통 속에서 기이하게 비틀린 가학-피학적 쾌락을 느낀다. 그렇기 때문에 똑같은 문제를 반복해서 경험하는 것이다.

이것은 전혀 새로울 게 없는 개념이다. 나는 피츠버그Pittsburgh 대학에서 문화비평연구로 박사학위를 취득했는데 그 과정에서 수많은 심리학 이론을 접했다. 심리학 안에서 깊이 자맥질한 이 시기를 통해 나는 우리 인간이 삶의 '나쁜 일'에서 무의식적으로 쾌감을 느끼는 질긴 습관이 있다는 것을 배웠다. 프로이트Freud, 융Jung, 라캉Lacan 같은 심리학의 초석을 닦은 거장들은 이것을 잘 알고 있었다. 이러한 성향을 프로이트는 심리적 피학증(psychic masochism)으로, 융은 그림자(Shadow)로, 라캉은 주이상스jouissance, 즉 '너무나 강렬해 우리가 억압하고 마는 쾌락'이라고 불렀다.

이 모든 심리학자에 따르면 심리치료의 핵심은 결국 우리가 겉으로는 증오하고 견딜 수 없어 하는 일 밑바닥에 깔린, 그것에 대한 욕망과 쾌락을 알아차리게 하고 수용하게끔 만드는 과정이다.

이상해 보이지만 사실이다. 앞으로 이 책에서 몇 차례 반복하겠지만, 융은 이렇게 말했다. "의식화되지 않은 무의식은 당신의 삶을 지배할 것이고 당신은 그것을 '운명'이라 부를 것이다."

융의 이 말은 완벽하게 옳다.

즉, 삶의 나쁜 일에서 무의식적인(억눌린, 부정하는, 인정하지 않는) 즐거움을 누리는 한, 우리는 바로 그 나쁜 일을 끊임없이 추구할 것이고, 자신이 그러고 있다는 자각조차 없이 똑같은 일을 하염없이 되풀이할 것이다.

나는 이 사실을 체험으로 배웠다. 내 '심리적 피학증'을 받아들임으로써, 내 어두운 '그림자'를 알아차리고 그 힘을 이용함으로써, 그리고 마침내 그 역겨운 것들에게서 내가 무언가 놀라운 일을 해낼 수 있다는 진짜 쾌락을 얻어냄으로써 말이다. 나는 '좋은 나'와 '나쁜 나'를 완벽하게 통합하여 전인^{全人}이 될 수 있었다. 치유된 것이다.

이 통찰을 내 인생에 직접 적용하면서 나는 10년 넘게 나를 괴롭혀온 가난, 질 나쁜 관계의 패턴, 건강 및 창작력 문제가 빠른 속도로 사라진다는 사실을 알게 되었다.

이 통찰이 '그림자 작업'의 근간이다. 그리고 그림자 통합 작업은 용기가 필요하다.

하지만 이 통찰은 '사랑과 빛'에 초점을 맞춘(확언 반복, 심상화, 긍정성 등) 대중 심리학이나 자기계발서에서는 거의 다루어지지 않으며, '사랑과 빛'의 방법으로 효과를 보지 못한 많은 사람들은 답답함을 호소한다. 내가 깨달은 삶의 마법에 가닿을 수 있는 열쇠 — 그리고 실존적 변태 수업에서 가르치는 내용 — 는 스펙트럼의 정반대 끝자락으로 뛰어드는 것이다. 그리하여 어둠의 힘을 찾는 것이다.

내 강좌 수강생 중 한 명은 이것을 다음과 같은 완벽한 비유를 통해 설명했다.

"빛과 긍정적인 사고에만 초점을 맞추는 일은 마치 태양만 올려다보느라 내가 똥 밭 위에 서 있다는 사실을 보지 못하는 것과 같다.

어디선가 역한 냄새가 나기는 하지만, 빛을 응시하고 있는 한 모든 나쁜 것이 저절로 사라져버릴 것이라고.

그리하여 당신은 똥을 치우는 대신 그 위에 향수(확언)를 가득 뿌린다.

반면 그림자 작업은 시선을 아래로 돌려 똥을 확인하는 과정이다. 이제 당신은 그것을 치울 수 있고 심지어 퇴비로 만들어 멋진 정원을 일궈낼 수도 있다."

실존적 변태 수업은 내면의 무의식, 두려움, 기폭장치

(trigger), 공포를 들여다보고 자신이 사실은 그 똥 무더기 위에서 비틀린 즐거움을 누리고 있었음을 인정하는 방법이다.

이러한 통찰은 우리의 에고에 대단히, 매우 큰 위협이 될 수 있다. 자신이 어느 수준에서는 사실 지독한 일들을 원하거나 즐기고 있다는 생각은 대다수의 사람들에게 두렵고 받아들이기 힘든 진실이다.

우리는 우리가 오직 좋은 것만을 원하거나 즐긴다고, 혹은 좋은 것만을 '원해야 한다'고 생각하는 경향이 있다.

하지만 나쁜 일에서 은밀한 지복을 느낀다는 사실을 인정하며 괴로워할 필요는 없다. 이것은 그저 일반적인 인간 본성의 일부일 뿐이다. 우리 모두가 그러하므로 여기에 수치나 비난이 끼어들 필요는 없다.

실제로 수치와 비난을 내려놓을 때 우리는 이러한 즐거움을 의식화할 수 있고, 이를 통해 자신을 교묘하게 조종하는 힘을 무력화할 수 있다.

그러니 무섭든 말든, 나는 이것이 삶을 사는 방식에 반드시 통합해야 할 대단히 중요한 통찰이라고 주장하고 싶다. 실제로 내 온라인 수업에서 통합 방법을 배운 수천 명의 사람들이 180도 바뀐 삶을 살고 있다. 그만큼 나는 이 주제에 대해 잘 안다. 실존적 변태 수업에서 가르치는 명상과 사고방식은 그들에게 기적을 가져다주었고, 당신은 이 책에 나오는 그들의 경험담과 빠른 성공 스토리를 읽어나가면서 그들의 문제가 본인의 것과 매우 유사하다는 사실을 알게 될 것이다.

다행히 이러한 무의식적 쾌락을 의식화하고자 하는 순간, 즉 그것을 의도적으로 음미하고 경험하려는 순간, 우리의 패턴은 대대적으로 중단된다.

우리는 (자기도 모르게!) 내내 추구했던 뒤틀린 은밀한 쾌락을 마침내 수용하게 된다.

또한 우리의 부정적 패턴을 추동한 욕망을 완전히 알아주고 만족시키게 되며, 그 결과 자유롭게 그 욕망을 뛰어넘어 새로운 것을 창조하게 된다.

이것이 이 책, 실존적 변태 수업의 핵심이다.

내 삶을 예로 들자면 나는 이전까지 '불안', '굴욕'이라고 꼬리표를 붙였던 강렬한 감각을 있는 그대로 느끼는 연습을 의식적으로, 그리고 의도적으로 했는데, 그 감각을 느낄 때 내 뺨이 붉어지고 심장 박동이 빨라진다는 사실을, 즉 내가 성적으로 흥분한다는 사실을 알아차렸다.

프리츠 펄스 Fritz Perls 는 "두려움과 흥분은 호흡을 하느냐 하지 않느냐의 차이일 뿐 동일한 것이다"라고 말한 바 있다. 이와 마찬가지로 우리가 끔찍하거나 고통스럽다고 느끼는 감각과 쾌락의 감각은 우리가 그것을 거부하느냐 허용하느냐의 차이일 뿐 동일한 경우가 많다.

가령, 나는 내 가난이 나를 흥분시킨다는 사실을 알게 되었다. 만일 육체 수준에서 판단이나 분별 없이 그러한 흥분을 그대로 경험했다면 나는 쾌락을 느꼈을 것이다.

밀턴Milton이 말했던 것처럼 "마음먹기에 따라 천국이 지옥이 될 수도, 지옥이 천국이 될 수도 있다."

나는 내 지옥을 천국으로 만들기로 했다.

그 결과 내 삶은 완전히 달라졌다.

여기서 꼭 명심해야 할 사실은 삶의 모든 고난 — 빈곤이나 인종차별, 성차별, 관계, 건강 또는 어린 시절 상처로 인한 창작력의 문제 등 — 이 개인 한 사람에 의해 만들어진 것은 단연코 아니라는 점이다. 고통을 원하는 이러한 뒤틀린 은밀한 욕망을 독자적으로 만들어낸 사람은 아무도 없으며, 이러한 욕망의 존재 자체 또는 우리가 이러한 욕망을 경험하는 현상을 온전히 홀로 책임져야 하는 사람은 아무도 없다. 세상에는 개인의 영역을 넘어서는, (융의 표현에 따르면) '집단 무의식'에 속하는 것들도 있다.

예를 들어, 내가 수년간 경험한 빈곤은 나 혼자 창조한 것이 아니다. 의심할 여지 없이 이것은 조직적이고 집단적인 성차별주의와 기업지배 문제와 관련 있었다. 하지만 문제는, 성차별주의와 기업지배에 대해 내가 아무리 크게 비판의 목소리를 내어도 — 실제로는 정말 좋아하는 일이었다. 나는 점령 운동(Occupy) 같은 시위에 꼬박꼬박 나가고 나를 괴롭힌 모든 불의에 대해 페이스북에 정연히 글을 썼다 — 내가 돈이 없다는, 또는 내가 고통스럽고 힘들다는 빼도 박도 못하는 사실은 전혀 바뀌지 않았다.

그뿐이랴, 내가 아는 한 그 누구의 상황도 바뀌지 않았다.

내 삶은 나의 '실존적 변태성'을 들여다보기로 마음먹기 시작하면서부터 비로소 바뀌었다. 내가 경험한 것을 원한 그 무의식적인 욕망을 들여다보고, 그것을 내 것으로 인정하고, 온전히 끌어안고, 주이상스를 받아들이면서부터 말이다. 그리고 이를 통해 나는 더욱 창조적이고, 행복하고, 건강한 사람이 되었고 다른 사람들 역시 그렇게 될 수 있도록 돕는 사람이 되었다.

나는 이 작업을 하고자 하는 모든 이들에게도 똑같은 일이 일어나리라고 믿는다. 당신은 사회 혹은 가정에서 대단히 크고 고통스러운 실패에 맞닥뜨릴 수 있다. 하지만 그 어려운 상황에서 당신이 무의식적으로 취한 역할을 진심으로 밝혀보고자 한다면 그러한 실패를 극복하는 데 꼭 필요한 만큼의 자유, 용기, 창조력을 발휘할 수 있을 것이며, 어쩌면 다른 사람들까지도 고양시킬 수 있을 것이다.

그 누구도 당신을 대신해 성장하거나 치유해줄 수 없고 당신만의 역설적이고 멋진 변태성을 실현할 수 없다.

프롤로그:

지하세계의 미스터리

— 그곳의 모든 그림자에 대한 재고찰

고대 그리스 신화 중에 지하세계의 왕 플루토Pluto*가 처녀 여신 페르세포네Persephone를 납치하고 강간하는 이야기가 있다. 어쩌면 이는 당신에게 익숙한 얘기일 수도 있지만 기억을 되살리기 위해 다시 살펴보자면 대략적인 내용은 다음과 같다.

올림포스Olympus의 젊은 페르세포네가 어느 화창한 날 들판에서 꽃을 따며 시간을 보내고 있을 때 갑자기 발밑의 땅이 갈라지면서 위험천만해 보이는 남성이 나타나 페르세포네를 어둠의 지하세계로 잡아끌고 내려간 뒤 그녀를 강간하고 부인으로 삼는다. 그러고는 자신을 영원히 떠나지 못하도록 지하세계의 음식인 석류의 씨앗을 먹게 만들고, 페르세포네는 그렇게 지하세계의 왕비가 된다.

이것은 납치, 강간, 통제, 폭력, 학대로 점철된 슬프고 끔찍한 이야기이다.

하지만.

---

* 하데스Hades의 로마 이름. 플루토의 한자식 이름은 명왕冥王이고 이 신의 이름을 딴 행성을 명왕성冥王星이라 부른다. 편집부 주.

수천 년간 그리스인들에게 지하세계는 '왕'이 있는 곳이 아니었다. 그곳에는 오로지 여왕만이 있었다. 페르세포네 서사의 원류가 된 신화의 가장 오래된 층을 파보면 그곳에 '빛을 파괴하는 여신'이 있다. 힌두 여신 칼리Kali와 비슷하게 페르세포네는 죽음의 여신으로 숭배되었다.

플루토가 등장하기 오래전부터 페르세포네는 홀로 존재했다.

페르세포네는 온전하고, 홀로 완성되고, 분리되지 않는 자라는 의미에서 처녀 여신이었다. 그녀는 처녀인 동시에 중심, 핵심을 뜻하는 코레Kore로 불리었다. 그녀는 만물의 중심이자 핵심이자 정수로 여겨졌다.

플루토와 페르세포네의 강간 이야기는 초기의 여신 숭배를 기준으로 수천 년이나 지난 이후에 만들어진 서사이다.

우리는 이것을 어떻게 이해해야 할까?

내가 이해한 바는 다음과 같다.

플루토는 코레(페르세포네) 여신의 무의식이다.

현대 점성학에서 플루토는 무의식의 신이다. 이것은 죽음과 공포, 강간과 악마, 파괴와 부의 축적 등을 상징하는 무시무시한 힘이다. 즉, 우리가 평상시의 자아 느낌을 유지하기 위해 습관적으로 동일시를 거부하고 개인적으로 책임지려 하지 않는 이 세상의 모든 끔찍한 일을 의미한다.

플루토는 또한 연금술 그 자체의 가능성을 의미한다. 무의식의 신이 가진 힘을 깨닫고, 기억하고, 받아들이고, 용서하고,

사랑하고, 의식화했을 때 비로소 이용할 수 있는 의도적이고 기적적인 변성 말이다.

내 해석은 이렇다. 어느 날 위대한 신 코레는 가없이 강력한 지하세계의 단독 통치자인 자신이 지루해졌다. 그녀는 홀로 완성된 자이자 전지전능한 신으로서 경험하는 영원한 단조로움에 싫증을 느끼고 여기에 균열을 내줄 약간의 드라마가 필요하다고 생각했다.

그리하여 코레는 자신을 두 개로 쪼갰다. 자애롭고 상냥하고 의식적인 모습과, 그것의 쌍둥이 격인 잔혹한 무의식의 신 플루토로.

그녀는 '들판에서 꽃을 따는 영원히 늙지 않는 어린 소녀'와 같이 순수하고 분리된 개별자로서의 자신을 경험하기 위해, 그리고 그 후에 변태스럽고 혼란스러운 이원성과 섹슈얼리티, 폭력에 수반되는 모든 무시무시한 흥분과 전율을 경험하려 자신을 둘로 나눈 것이다.

코레는 위대한 이야기를 경험하고자 했고, 위대한 이야기에는 그것이 비극이든 희극이든 언제나 분투와 역경과 대립이 존재한다. 또, 분리와 재통합의 과정이 있다.

이런 시각에서 보자면 페르세포네의 강간 이야기는 단독자인 신이 제 손으로 이원성을 창조하여 자신의 끔찍하고 고통스러운 면을 경험한 다음 마침내 다시 통치자로, 통합된 자로 되돌아오는 이야기이다. 단, 예전과 다른 점은 무섭도록 타자 같은 자신을 경험한 뒤에만 깨달을 수 있는 자아 인식이 생겼다는 점이다.

플루토는 우리가 타자(즉 내가 아닌, 세상의 저편에 있는 존재)라고 경험하는 모든 것을 뜻한다. 너무나 끔찍하고 광대무변하고 숭고하고 폭력적이어서 감히 우리가 자기 것이라고 동일시하지 못하는 타자 말이다.

수 세기에 걸쳐 내려온 가장 유명한 버전의 그리스 신화에 따르면, 페르세포네는 플루토에 납치당한 뒤 지하세계의 왕비가 되어서도 여전히 슬프고 꺼림칙하다. 그녀가 그 망할 놈의 석류 씨앗을 먹었기 때문에 올림포스의 밝은 들판에서 어머니 데메테르Demeter와 보낼 수 있는 시간은 1년에 고작 6개월에 지나지 않는다. 나머지 시간은 지하세계에 갇혀 유령들에 둘러싸인 상태로 자신을 고통에 빠트린 간악한 자의 아내로 살아야 한다.

하지만 이 버전의 신화는 마법의 관점에서 볼 때 딱히 인상적인 면이 없어 보인다.

그래서 나는 페르세포네 강간의 진짜 이야기, 엘레우시스Eleusis 밀교(고대 그리스의 대단히 비밀스럽고 위대한 마법 학교)의 참석자들에게 알려진 진짜 이야기는 다음과 같은 버전에 훨씬 가깝지 않았을까 추측해본다.

납치, 강간, 통제 등의 고난을 겪은 페르세포네는 어느 날 밤 자신의 비참한 운명을 깊게 숙고하며 지하세계의 음식, 석류의 씨앗을 먹는다. 그녀는 씨앗을 먹음으로써 지하세계를 자신의 것으로 받아들이고(문자 그대로 소화시키고), 분리된 순수한 '나'를 경험하기 위해 스스로 플루토를 창조하기로 선택했음을 기억해낸다. 이것은 깨달음의 '아하' 모멘트^{moment}다. 이 사실을 기억해낸 페르세포네는 플루토를 새로운 눈으로 바라본다.

잔인한 괴물로만 생각했던 그는 사실 자신이 부탁했다는 이유 하나만으로 사악한 악당 역할을 충실히 수행해준 참으로 이타적이고, 헌신적이고, 순종적인 연인이었던 것이다. 이 사실에 눈뜬 페르세포네는 플루토를 용서하고, 이들은 부드럽게 하나가 된다.

페르세포네는 이제 더 이상 지루함과 외로움에 떠는 왕비가 아니다. 그녀는 헌신적인 연인과 함께 자신의 힘과 그에 따르는 모든 책임을 완전히 자각한 상태로 지하세계를 다스린다. 이것은 자신의 힘을 타자로서 경험한 뒤에만 깨달을 수 있는 자각이다.

지하세계의 미스터리란 무의식의 신인 플루토가 아무리 혐오스럽게 보일지언정 그는 사실 우리가 손수 만든 창조물이고, 친절하고 헌신적인 연인이라는 사실이다. 우리가 이것을 기억하고, 그를 용서하고, (처음부터 진정 우리 것이었던) 그의 힘을 온전히 내 것으로 경험하고, 그를 사랑할 때 우리는 비로소 플루토의 가없는 힘을 이용할 수 있다.

우리는 모두 이원성의 화신이다. 모든 존재는 빛(의식)과 어둠(무의식)의 차원을 모두 갖고 있다. 인격의 어두운 면, 즉 타자 또는 그림자가 어두운 것은 우리가 그것을 보지 않기(혹은 보려 하지 않기) 때문만은 아니다. 그것을 구성하는 내용물이 우리가 원시적이고 원초적이며 부정적인 충동이라고 치부하는 것, 그리하여 의식이 감지하지 못하게 묻어두고 부정하기로 선택한 것이기 때문에도 어두운 것이다. 하지만 페르세포네의 경우처럼 우리의 목표는 전인이 되는 것이다.

전인이 된다는 말은 우리의 어둡고 변태적인 면을 인정한다는 뜻이다. 그것을 수용하고, 용서하고, 온전히 책임지는 것을 넘어 그것을 사랑하고, 그것의 별스러움을 즐기고, 마침내 우리의 존재 전체로 통합한다는 뜻이다.

이것이야말로 진정한 힘의 근원이며 변성의 마법이다.

1부
실존의 기본

"의식화되지 않은 무의식은
당신의 삶을 지배할 것이고
당신은 그것을 '운명'이라 부를 것이다."

— 칼 융Carl Jung

만일 당신의 내면 깊은 곳에 "나는 글러 먹었다"는 느낌이 마르지 않고 솟는 샘이 있다면?

마찬가지로 마음속 깊은 곳에서 생각하는 '나'는 모든 면에서 철저하게 꼴 보기 싫고, 위험하고, 자신은 물론이고 타인에게까지 고통만 주는 존재라면?

그런데 그것이 어마어마하게 좋다면?

내가 이렇게 이상한 질문을 하는 까닭은 완벽하게 깨어나지 못한 우리 인간 대다수(에크하르트 톨레Eckhart Tolle, 바이런 케이티Byron Katie, 달라이 라마Dalai Lama 외 홍보 전문가를 두지 못한 겸손한 일부 샤먼 등을 제외한 인류 전체)는 정도의 차이는 있겠지만 자신에게 극도로 부족하고, 끔찍하고, 못생기고, 결함투성이인 면이 있어서 이것을 다른 것으로 덮어야 한다고(숨기거나 묻어버리거나 도망쳐야 한다고) 생각한다는 사실을 알게 되었기 때문이다. 그리고 우리는 보기 싫은 그것을 성취로, 타인의 인정으로, 마약으로 덮어버린다.

적어도 나는 이렇게 수치스러운 부적절함을 자주 느낀다. 어쩌면 당신은 이런 것들을 전혀 느끼지 않을지도, 깨달은 자유인일지도 모르겠다. 그렇다면 당신에게 영광 있으라! 친구여, 부디 이 책을 덮고 깨달은 자로서 삶을 사시길. 하지만 "나는 괜찮지 않다"는 속 끓이는 마음에 시달리는 나머지 분들은 내 말을 들어주길 바란다.

'괜찮지 않다'는 이 끔찍한 느낌은 파트너의 짜증 섞인 말투, 상사의 책망하는 눈빛, 고등학교 시절 라이벌이 퓰리처상을 받았다는 소식 등, 아주 사소한 것으로도 증폭될 수 있다. 대부분의 사람들은 그럭저럭 제구실을 하는 성인으로서 살아가기 위해 이 수치스럽고 혐오스럽고 괴물 같은, 부적절하다는 느낌을 외면하고 머릿속에서 지울 수 있다.

하지만 상당히 많은 사람들이 "나는 글러 먹었다"는 이 감각을 필사적으로 무력화하고 숨기기 위해 온갖 형태의 중독에 빠진다. 소셜 미디어, 일, 포르노와 알코올, 마약 중독은 이 느낌을 잠재우기 위한 발악이다. "나는 글러 먹었다"는 인식에 완전히 사로잡혀 마비되는 사람들도 있다. 심각한 우울증이나 기타 정신질환에 시달리는 사람들이 이에 해당할 수 있다. 자살하는 사람도 있다.

중독 성향이 상대적으로 약한 '제구실을 하는 성인'들 중에도 아무리 애를 쓰고 좋은 마음을 가지려고 해도 삶에서 어두운 패턴을 반복해서 경험하는 경우가 많다. 그야말로 계속되는 반복. 이 사람들은 살면서 행복하고 충만한 일을 많이 겪을 지도 모르지만 어쩐지 매달 쥐꼬리만큼의 돈밖에 벌지 못하고, 자신을 학대한 부모와 놀랍도록 닮은 애인을 반복해서 선택한다. 왠지 대다수의 우리 인간들은 중독이든 엉망진창 패턴이든 이런저런 방식으로 "나는 글러 먹었다"는 숨겨진 느낌을 기어코 느낄 수밖에 없는 듯하다.

그러니 이런 질문이 자연스레 떠오른다. "대체 이 빌어먹을 것을 어째야 하는 거지?"

나는 이 '글러 먹었다'는 느낌을 뜨겁고 황홀한 날것의 힘으로 변환시켜보자고 제안하고 싶다.

내 이야기를 하나 들려드리겠다.

20대 때 나는 고향인 펜실베이니아 Pennsylvania 피츠버그의 곰팡내 나는 교회 지하실에 앉아 사람들이 하느님께 모든 것을 내맡기는 것에 대해 이야기하는 것을 들으며 많은 시간을 보냈다. 공교롭게도 당시 나는 지하실을 사랑하는 헌신적인 기독교인이 아니었다. 나는 헤로인 중독치료 모임인 12단계 그룹에 참여한 사회 부적응자였다.

나는 중독치료를 하는 동시에 문화비평연구로 대학에서 박사학위 과정을 밟고 있었다. 문화비평연구로 박사학위를 받으려면 키에르케고르 Kierkegaard, 하이데거 Heidegger, 니체 Nietzsche, 사르트르 Sartre 등 이상한 실존철학을 어마어마하게 읽어야 한다. 매일 밤 12단계 모임이 열리는 케케묵은 지하실에 앉아 절망과 구원에 대한 열 몇 개의 서사를 듣는 동안 나는 과거의 고통스러운 경험들을 떠올렸다. 어릴 적 나는 내가 너무나 사랑했던 남자에게 성추행을 당했다. 이때의 경험이 너무나 초현실적이었기 때문에 급기야 마약을 하는 게 아주 좋은 선택이라고까지 생각하게 될 정도였다. 12단계 모임 사람들이 '모든 것을 내려놓고 하느님에게 맡기는' 일 운운하는 것을 듣고 있을 때 한 가지 선명한 생각이 머릿속에 자리 잡기 시작했다.

"하느님은 상변태 또라이다.

하느님 — 남신이든 여신이든 무성 신이든 — 은 이 세계를 창조했는데, 이 세계는 전쟁과 강간과 학대, 중독과 재앙으로 가득한 미친 호러쇼다.

만일 하느님이 이 호러쇼의 제작자라면 하느님은 이런 걸 '좋아하는' 게 틀림없다!"

보통의 경우라면 이런 식의 사고는 끔찍한 허무주의적 신경쇠약으로 이어졌을 거라고 생각할지 모르겠다. 하지만 나는… 그렇지 않았다. 오히려 나는 삐뚜름하게 웃었다. 마음이 가벼워지고, 들뜨고, 어떤 가능성이 느껴졌다. 다음과 같은 생각에 가닿았기 때문이었다. "어쩌면 나도 상변태 또라이일 수 있겠다!" 만일 — 정말 정말 만일 — 내 인생에서 벌어진 모든 나쁜 일들이 사실은 내가 '그런 걸 좋아해서'였다면?

여기 심오한 예가 하나 있다.

당시 나는 질투심 강한 통제광인 남자와 사귀며 육체적으로 학대를 당하고 있었다. 데이트할 사람을 구하는 게 어려워 크레이그리스트craiglist* 개인 광고에서 찾은 남자였다. (안다, 이게 얼마나 미친 짓인지. 맞다, 그 정도로 나쁜 남자였다. 그리고 맞다, 나는 그 정도로 엉망진창이었다.) 나는 이 관계가 파괴적이고 위험하고 미친 짓이라는 걸 알고 있었지만 웬일인지 놓을 수가 없었다. 그와 헤어지고 짐을 싸서 나가라고 해놓고는, 다음 날 전화로 다시 돌아오라며 꼬시기를 반복했다.

그러면 그는 돌아왔고, 우리는 얼마간 기분 좋게 키스하다가, 몇 분도 채 되지 않아 다시 예전처럼 미친 듯이 소리 지르며 싸웠고, 그는 머그잔, 책 등의 물건을 내게 던졌다.

나는 내 파트너의 지독한 통제와 폭력이 증오스러웠다.

하지만 수많은 탐구와 숙고 끝에 나는 내가 사실은 그의 통제와 폭력을 사랑했다는 사실을 깨달았다.

사랑하고, 사랑하고, 사랑했다. 그는 나를 마치 헤로인 하는 사람이 언제나 헤로인에 손댈 수 있게 공급책을 관리하는 것마냥 다루었는데, 이때 느껴지는 내가 중요한 사람이 된 것 같은 기분이 너무 좋았다.

---

* 소소한 중고품부터 자동차, 주택에 이르기까지 온갖 종류의 직거래와 구인구직, 토론 등이 활발히 이루어지는 미국 최대의 생활정보 사이트. 온라인 데이트와 성매매를 알선하는 광고들로도 악명이 높다. 편집부 주.

즉, 내 존재에는 의미가 있었다.

페르세포네와 플루토의 이야기처럼 나는 나 자신을 속박하기 위해 그를 이용했다. 그렇게 하면 나를 들여다보거나 그가 없는 세상을 탐색해야 하는 위험을 감수하지 않아도 되었기 때문이다.

내가 그 관계에서 벗어나지 못했던 것은 한편으로 그 사람과 그의 폭력적인 통제를 원망하는 게 재미있었기 때문이었다. 다른 한편으로는 "나는 끔찍한 사람이기 때문에 이렇게 끔찍한 관계밖에 맺을 수 없다"고 느꼈기 때문이었다. 나는 내가 끔찍한 사람이 아니게 되면 그때 그를 떠날 수 있으리라 생각했다. 하지만 내가 끔찍한 사람인 한, 나는 그와의 관계를 유지하는 편이 나았다. 아무리 소유욕이 강하고 폭력적인 사람일지언정 그와 있는 게 외로운 것보다는 좋았으니까. 그래서 나는 끔찍한 사람이 되지 않고자 노력했다. 하지만 소용없었다. 끔찍한 사람이 되지 않고자 노력하는 것 자체가 대개는 자신이 끔찍하다는 사실을 더욱 명확히 방증할 뿐이다.

지금까지 말한 이 시나리오는 괴이한 유형의 결박, 즉 광대한 미지를 마주하지 않기 위해 스스로 만들어낸 일종의 속박 장치였다. 마침내 나는 "내가 끔찍한 사람이기 때문에 이런 끔찍한 관계밖에 맺을 수가 없는 거야"라는 논리가 진실이 아님을 자각하게 되었다. 오히려 진실은 바로 다음의 깨달음이었다.

"내가 이렇게 끔찍한 관계를 맺고 있는 건 외부의 악역에 의해 광적으로 통제되는 느낌을 내 무의식이 은밀하게 좋아하기 때문이다."

나는 내 삶의 추함이 내게 필요한 것이라거나 진짜라서가 아니라 그저 내 그림자가 그것을 좋아하기 때문에 존재한다는 깨달음을 충분히 숙고했다. 그러자 내 몸 안에 거대한 공간이 열렸다. 나는 폭력적으로 통제당할 때 무의식적으로 느낀 쾌락을 의식적으로 느끼고자 했다. 실제로 통제는 무의식적으로 나를 달아오르게 만들었다. 나의 '아하' 모멘트였다.

성적 흥분은 자석과도 같다. 이제 나는 내가 학대와 결핍과 거부를 평생 동안 자석처럼 끌어당겼다는 냉혹한 깨달음과 마주했다.

나는 지난 수년간 무의식적으로 자기비하를 즐기고 이를 끌어당겼으나, 실제 삶에서 비하와 결핍에 성적으로 흥분한다는 것은 수치스럽고 변태 같고 이상한 일이기 때문에 나는 그때까지 이 사실을 절대 인정하려 들지 않았다.

특이한 취향을 가진 서클circle 내에서는 침대 위의 짜릿한 SM 플레이에서 상대방에게 굴욕당하며 흥분을 느끼는 것이 전적으로 멋진 일이다. 하지만 실제 삶에서 그렇다면? 그건 그냥 좆된 거다.

그러자 내게 떠오른 생각 하나. "쌍, 나는 그냥 침대 위에서만 변태였던 게 아니라 그냥 실존적 변태였네. 나는 일상의 존재 상태에서 고통과 결박을 원하는 뒤틀린 욕망을 가지고 있었던 거야.”

그리하여 절박했던 20대, 곰팡내 나는 케케묵은 지하실에서 삶의 모든 고통과 슬픔과 좆같음을 전적으로 하느님의 뜻에 맡기겠다고 간증하는 사람들 사이에서 나는 다음과 같은 결론에 이르렀다.

“만일 하느님이 미친 변태이고, 그 모든 ‘영적인’ 사람들이 말하는 것처럼 내가 하느님의 일부라면 어쩌면 나 역시 내면 깊은 곳에서는 미친 변태일 수 있겠다.

그러니 삶의 모든 무섭고 징글징글한 것에 화를 내는 대신 그것을 좋아해보면 나의 신성한 본성에 더욱 깊게 다가갈 수 있겠다.”

이 깨달음 — 내 실존적 변태성에 대한 수용 — 은 의식과 신성과 창조의 본질에 대한 내 오랜 탐구의 기반이 되어주었고, 결과적으로 내가 오늘날 누리는 모든 엄청난 좋은 것들의 원천이 되었다.

오늘날 나는 삶에서 진짜 좋은 것들을 풍요롭게 누린다. 진심으로 사랑스럽고 섹시한 남편, 억대 매출의 사업, 세계 여행, 진실한 우정을 나누는 친구들. 점점 깊어지는 영적 연결감. 빈곤과 학대와 중독으로 점철된 어린 시절을 보낸 사람으로서 스스로도 가끔은 믿기 어려울 정도로 거대한 부와 아름다움.

(물론 지금도 나는 스스로 창조한 고통과 고난을 섭섭하지 않게 겪는다. 고통을 만드는 드라마를 여전히 즐길 때가 많기 때문이다. 단, 지금은 그것을 있는 그대로 자각할 수 있다.)

내 인생은 내가 실존적 변태성이라고 명명한 것을 탐험하기 시작하면서 바뀌었다.

이 책은 그 탐험의 결과물이다. 나는 내가 실존적 변태성을 있는 그대로 수용했을 때 일어난 삶과 영성의 어마어마한 전환을 다른 사람들도 가능한 한 많이 경험했으면 하는 마음에 이 책을 썼다. 그리고 돈도. 돈 얘기가 빠질 수 있나? 나는 여러분이 진정한 부를 가득 갖기를 바란다. 또한 사랑, 그리고 사람들. 삶에서 얻을 수 있는 모든 좋은 일들 역시.

실존적 변태성이라는 자각 상태에 대해 설명하기 위해서는 우선 인간 정신의 이상하기 짝이 없는 미로로 여러분을 안내해야 한다. 나를 비롯해 이 작업이 탄생하는 데 도움을 준 내 고객들이 삶에서 직접 길어 올린 이야기와 고백에 부디 귀 기울여주시기를 간곡히 부탁드린다.

여러분에게 약속드리오니, 이 책에 기울이는 모든 주의와 관심은 삶에서 일어나는 엄청난 변성으로 충분한 보상을 받게 될 것이다.

실존적 변태 수업은 어쩌면 여러분이 앞으로 접하게 될 그 어떤 정보보다도 여러분의 삶을 훨씬 좋은 방향으로 크게 변형시킬 수 있다.

무수히 많은 내 고객들이 수입을 두 배, 세 배로 늘렸고, 진짜 사랑을 찾았으며, 원망으로 너덜너덜해진 결혼에 생기를 불어넣었고, 만성 질환을 고쳤고, '내가 나로 있는 것'이 내면 깊숙이 편안해졌으며, 만성적으로 막혀 있던 창작력이 해방되었다. 이 책을 통해 이들의 실제 변성 이야기 일부를 소개하겠다.

너무 좋은 말뿐이라 어쩐지 사기 같은가?

나를 잘 따라오시길. 여러분의 정의하는 '좋다'의 의미를 엄청나게 확장시켜드리겠다.

알다시피 내가 여러분과 함께하고 싶은 실존적 변태 수업은 지금까지 숨겨왔던 수치스러운 나의 일부를 사랑할 수 있게 해주는, 신체 반응을 기반으로 하는 급진적이고 야하며, 대단히 실용적이고 효과가 빠른 방법으로서 오래된 부정적 패턴을 해체시키는 데 탁월하다.

여기서 말하는 '숨겨왔던 수치스러운 일부'란 바로 당신의 그림자를 뜻한다. 그리고 이 책을 통해 당신은 자신의 그림자를 만나 그것과 어울려 춤추는 법을 배우게 될 것이다.

그림자 통합 작업을 하면 아름다움과 부를 수용할 수 있는 삶의 역량이 훨씬 커진다. 더 이상 우발적으로, 나도 모르게 그것을 거부하지 않게 되기 때문이다.

이것은 마법이다.

"위에서 그러하듯 아래에서도 그러하다. 안에서 그러하듯 밖에서도 그러하다"는 마법의 세계관이다.

이것은 현실이 프랙탈Fractal*이고 홀로그램이라는 뜻이다. 당신과 외부세계는 진짜 분리된 것이 아니기 때문에 내면의 작은 변화가 외부세계를 극적으로 바꿀 수 있다. 즉, 마법이 가능한 것은 현실의 본질이 프랙탈이고 홀로그램이기 때문이다. 내면이나 내 주변 환경에서 '작은' 변화를 만들어내는 순간 매우 '커다란' 것, 즉 세계 전체가 자동적으로 변한다.

이 말은 우리가 마법을 부리지 않는 순간은 한순간도 없다는 뜻이다. 우리는 언제나 마법을 부리고 있고 언제나 영향력을 행사하고 있다. 다만 인간은 습관적으로 평이하다 못해 지루하거나 파괴적인(여기서 다시 한번 그림자가 등장한다) 마법을 부리고 있는 것뿐이다.

하지만 세상은 우리의 정신과 분리되어 있지 않다. 세상과 정신은 하나의 온전한 연속체, 하나의 온전한 직조물의 일부이다. 마법을 마스터한다는 것은 자기 자신과 환경이 변하면 내가 경험하는 외부세계도 그만큼 변한다는 사실을 배운다는 말이다.

의식과 무의식의 통합을 빠르고 정확하게 이루어내는 실존적 변태 수업은 그만큼 변성의 힘이 강력하다.

의식과 무의식의 통합은 왜 그렇게 중요할까?

스승인 지그문트 프로이트의Sigmund Freud 통찰 위에 자신의 이

---

* 작은 구조가 전체 구조와 비슷한 형태로 끝없이 되풀이되는 구조. 편집부 주.

론을 세운, 선구적인 정신치료자 칼 융은 인간의 정신 전체가 물 밑의 거대한 빙하라면 우리의 의식과 정체성(우리가 보통 자기 자신이라고 '상상하는' 사람)은 건드리면 툭 부러질 것 같은 물 위 끄트머리 부분에 불과하다는 사실을 발견했다.

세상에나, 우리 모두는 얼마나 끝내주는 거대한 빙하인가!

심오한 연금술적 변성의 기본 공식은 '용해와 응고'(solve et coagula)다. 우선 기존의 형태를 철저하게 용해(solve)한 다음, 용해되고 정제된 요소들을 완전히 새롭고, 더욱 강력하고, 정교하고 체계적인 배열로 다시 섬세하게 응고(coagula)시키는 것이다.

애벌레는 완전히 용해되어 고치 속 끈적끈적한 물질로 변한 다음 나비로 응고하는데, 이는 자연에서 벌어지는 연금술적 변성을 그대로 보여주는 환상적인 예다. 영혼 또는 마음을 뜻하는 영어 단어 사이키psyche는 나비를 뜻하는 그리스어 프시케psyche에서 나온 말이다. 이것이 우연일까? 나는 아니라고 생각한다. 인간의 영혼은 한 마리 나비처럼 벌레 같은 형상에서 출발해 용해되고 새로운 형태로 변성된 후에야 자신의 찬란한 아름다움을 발한다.

많은 자기계발서와 대중적인 마법 책(끌어당김의 법칙 같은 책들)은 주로 용해와 응고 중 응고 단계에 주력한다.

심상화, 기도, 확언, 주문 외우기, 비전 보드 만들기, 마법 문양 만들기, 수정 힐링, 사랑과 친절 명상하기 등 이 모든 것은 새로운 현실을 만드는 응고(말 그대로 물질화)의 방법으로서 효과가 입증되고 유명한 것이 맞다. 단 하나 문제가 있다면 빛이 강할수록 그림자 역시 짙어진다는 사실이다.

앞에서 말한 진동수를 높이는 모든 방법들은 각자의 방식대로 우리 존재의 빛을 밝히는 효과가 있지만 그럴수록 숨어 있는 어둠의 존재감은 더욱 강해지고 날카로워진다.

그러니 애초에 불쾌한 상황을 창조한 무의식의 그림자 패턴, 욕망, 성질, 믿음 등을 용해하지 않는다면 세상에 존재하는 모든 심상화와 확언을 한들 진정한 충족감이라는 알맹이는 빠진, 겉만 달라진 쭉정이 환경이 눈앞에 펼쳐진다.

내가 그러했듯 어쩌면 당신 역시 이전의 물질화 시도를 통해 이러한 얄팍함만을 경험했을 수 있다. 용해 과정을 충분히 하지 않으면 바라는 만큼의 결과가 나오지 않았을 때 좌절하여 마법과 물질화에 대한 열정을 잃을 가능성이 크다(나는 그랬다).

실존적 변태 수업에서는 용해와 응고 공식 중 '용해' 부분을 소개한다. 당신의 변태스러운 그림자를 녹이고, 드러내고, 궁극적으로는 내 것으로 받아들이는 과정이다.

당신의 실존적 변태성은 무엇인가?

당신은 당신의 그림자를 만나본 적이 있는가?

사람이 자신의 광대한 무의식을 어떻게 의식화해야 하는지 모르면(사실 대부분의 사람들이 그 방법에 대해 전혀 감도 잡지 못한다) 대개 무의식에 끌려다닌다. 즉, 그들은 자신이 부정한 무의식적 욕망이 추동하는 완고하고 고통스러운 패턴에 지배당한다. 그리고 이것은 아무리 심상화와 확언을 열심히 해도 절대 고칠 수 없다.

융이 강조했던 것처럼 "의식화되지 않은 무의식은 당신의 삶을 지배할 것이고 당신은 그것을 '운명'이라 부를 것이다."

하지만 융은 또한 말했다. "깨달음은 빛의 형상을 상상한다고 얻어지는 것이 아니라, 어둠을 의식화했을 때 이루어지는 것이다."

바로 이것이 이 소박한 자기계발서의 핵심이다. 우리는 빛의 형상을 상상하자고 여기에 있는 게 아니다. 우리는 어둠을 재미있고, 빠르고, 변태스러운 방식으로 의식화하기 위해 여기에 있다.

무의식

융의 "의식화되지 않은 무의식은 당신의 삶을 지배할 것이고 당신은 그것을 '운명'이라 부를 것이다"라는 말은 무의식의 욕망과 호기심이 경험의 양상을 좌지우지할 수 있는 엄청난 힘을 갖고 있다는 의미다.

이건 상당히 까다로운 문제인데, 어쨌든 내면 깊은 곳의 그림자 욕망과 호기심은 의식되지 않는 미지의 존재이기 때문이다. (말인즉슨, 그런 게 있다는 사실을 알지 못하기 때문에 절대 '내 것' 같아 보이지 않는다!) 하지만 부정되고 억압되고 터부시되는 이러한 욕망들은 우리의 삶에서 대개 성취된다. 이때, 당신은 금기시되는 이러한 욕망을 부정하고 억눌러왔기 때문에 욕망이 성취되었음에도 이를 성취로 보지 못한다. 의식의 관점에서 볼 때 내면 깊은 곳의 욕망이 성취된 모습은 오히려 끔찍한 불행이다. 마치 내가 아닌 외부의 어떤 행위 주체 — 이것을 잔인한 '운명'이라고 부르는 사람들도 있다 — 가 불쌍하기 짝이 없는 당신에게 나쁜 일이 벌어지도록 만들고 있는 것처럼 보인다.

20대 젊은 청년 알렉스Alex의 이야기를 예로 들어보자. 그는 '돌봄 받는' 자신을 경험하고 싶다는 깊은 욕망을 갖고 있다. 어쩌면 어린 시절에 온전히 돌봄 받는 경험을 한 적이 없어서 충족되지 못한 욕구가 내면에 여전히 남아 있는 것일 수 있다. 하지만 알렉스의 이러한 욕망은 사회적으로 그 또래 남성에게 용인되지 않는다.

그렇게 누군가에게 의존하고 '돌봄 받고 싶다'는 욕망은 금기시되어 그의 무의식에 억압되었다. 지금까지 이것은 그의 의식 밖에 있었기 때문에 그는 자기 안에 이러한 욕망이 있다는 사실조차 알지 못한다. 누군가 이것을 지적해도 그는 믿지 않았을 공산이 크다.

알렉스의 의식은 자신이 원해야 '한다고' 주입 받았던 것들을 욕망한다. 이것은 독립적이야 하고, 자율적이어야 하고, 멋진 커리어를 가져야 한다는 욕망들이다. 그리하여 알렉스는 성공하는 자신의 모습을 심상화하고, 성공 확언을 연습하고, 낙관적이고 긍정적인 사람이 되기 위해 노력하고, 대학 졸업 후 인기 많고 존경받는 직업을 갖는다. 하지만 몇 달이 채 되지 않아 그의 최선의 의도에도 불구하고 무의식이 그를 사로잡았고 그는 '뜻하지 않게' 해고를 당한다. 이제 혼자 힘으로 집세를 낼 수 없게 된 그는 다시 부모님과 살 수밖에 없게 되었다.

그의 의식적인 마음이 보기에 이것은 대실패, 수치, 불행처럼 느껴진다.

하지만 그의 무의식이 보기에 이것은 대승리이자 기저에 깔린 깊은 욕망, 즉 돌봄 받고 싶다는 욕망의 완벽한 성취다.

무의식적으로 그는 부모님과 살며 돌봄 받는 상황을 즐기고 있다. 아이러니하게도 알렉스가 자신의 실직과 부모님으로부터 돌봄 받는 것을 대단한 승리이자 성취라고 경험하지 못하고 계속해서 저항할수록(즉, 그의 무의식이 그러하듯 그것을 변태적 희열로 받아들이는 것에 동의하지 않고 저항하는 한), 그는 더더욱 어찌해야 할 바를 모르겠고 운명의 저주를 받았다는 느낌에 사로잡힐 것이다.

알렉스가 자신의 상황을 의식적으로 향유하지 못하고 저항하는 한 그는 자신을 낙오자와 실패자로 보고, 자신감을 잃고, 그 상태에서 벗어나지 못하게 될 것이다.

역설적이게도 알렉스가 지금껏 터부시해온 의존에 대한 욕망을 기꺼이 받아들이고 더 나아가 그 욕망의 승리를 뼛속 깊이 음미하는 순간, 그는 다시 한번 솟아오르는 힘을 느낄 수 있게 된다. 그는 의지하고 싶다는, 자신의 터부시되었던 소원이 이루어졌다는 사실을 깨닫고 그것이 주는 뜨겁고 기이한 쾌락을 수용할 수 있게 된다.

이때의 알렉스는 낙오자가 아니다. 오히려 대단히 성공한 사람이다. 무의식적이었던 쾌락을 의식적으로 즐기고 만족스러워하겠다고 결심하는 순간부터 그는 훨씬 더 쉽게 앞으로 나아가 세상 속에서 자기 길을 걸을 수 있게 된다. 사실상 그는 더 이상 죄책감을 느끼지도, 스스로를 학대하지도 않는다. 더 이상 자신의 상황에 저항하지 않기 때문에 그 상황은 지속될 필요가 없다.

자신의 실패와 의존성, 그리고 돌봄 받는 상태를 즐기는 이 젊은 청년의 내면이 어쩌면 뒤틀리고 기이하게 보일지도 모른다.

사실 실제로도 그렇다.

하지만 진저리나는 상황 속에서 느끼는 이 변태적이고 기이하고 뻔뻔한 기쁨 속에서 그의 삶이 변성되고 에너지가 해방된다. 알렉스는 이전까지 무의식에 갇혀 있던 어두운 그림자의 쾌락을 끄집어내어 빛을 비추었다.

우리의 연약한 애벌레적 삶에 영향을 주는 이러한 무의식적 패턴은 정말 많다. 흔히들 겪는 예를 아래에 일부만 소개하니 자기 자신이나 주변 친구 또는 가족의 삶에서 보이는 패턴이 있는지 살펴보기 바란다.

- 아무리 열심히 또는 많은 시간 일해도 한 달에 특정 금액 이상 돈을 벌지 못한다.
- 끌리는 사람 족족 알고 보면 자신의 개차반 아비지(또는 개차반 어머니, 또는 처음으로 큰 상처를 남긴 첫 번째 사람 등 누구든) 와 놀라우리만치 닮은 구석이 있다.
- 각 잡고 창작 활동을 하려고 할 때마다 3학년 때 선생님의

못된 목소리가 머릿속에서 재생되는 바람에 결국 창작을 피한다.

- 끝이 보이지 않는 죄책감, 수치심, 외로움, 좌절 등의 감정을 덮어버리기 위해 과식(마약이나 알코올 등에 과다 의존)한다.

- 어떤 체형이든 자기 자신/신체를 싫어한다.

- 피해자 의식에 끊임없이 시달리면서 무례한 다른 사람들(가족, 상사, 배우자, 직원, 정부, 흑인, 게이, 이성애자, 백인, 유대인, 기독교인, 자본주의자, 히피 등등)이 자기를 가만두기만 하면 삶이 좋아질 것이라고 생각한다.

- 야심차게 미래 계획을 세웠지만 그 계획을 실현하기 위한 구체적인 첫 단추를 도저히 끼우지 못한다.

- 매우 예민하며 모든 것을 자기 얘기로 받아들인다.

- 습관적으로 허락을 구하고, 실제로는 별로 하고 싶지 않은 일이어도 사람들의 마음에 들기 위해 한다.

- 모든 것이 더할 나위 없이 순항할 때 갑자기 파트너에게 싸움을 건다.

어떤 느낌인지 감이 올 것이다.

여기에 독창적인 패턴은 하나도 없다. 문자 그대로 수십억의 사람들이 이러한 패턴으로 고통받는다. 이것은 모두 가족과 문화를 통해, 트라우마와 죄책감, 수치심의 아름다운 대물림을 통해 전달된다. 대단히, 정말 대단히 반복적이고 예측 가능하다.

우리는 대부분 이러한 패턴을 적어도 몇 개는 갖고 있고 대다수의 사람들은 이러한 끈끈한 패턴에서 전혀 벗어나지 못한다. 자신이 패턴의 손아귀에 잡혀 있고 그렇기 때문에 진정한 의미에서 본인의 삶을 제대로 통제하지 못한다는 사실을 인정하려는 의지조차 없는 사람들이 대부분이다. 물론, 이러한 생각은 보통의 에고에게 대단히 위협적이다.

믿지 못하겠거든 주위에 얼마나 많은 사람들이 역기능적인 인간관계, 커리어, 생각에 빠져 허우적거리고 있는지 떠올려보라. 제삼자가 보기에는 몇 발자국만 떼면 인생이 완전히 바뀔 게 훤한데도 그들은 그 몇 발자국을 떼지 않는다. 아니, 움직일 생각을 안 한다. 왜? 무의식의 지배를 받고 있기 때문에, 그리고 본인이 제 손으로 창조하고 영원히 반복하고 있는 더러운 상황이 그들 눈에는 그저 꺼림칙한 운명으로밖에 보이지 않기 때문이다.

무의식의 패턴을 의식화하여 녹여내면(그리하여 자신의 존재와 의지를 통합하면) 당신은 이러한 무기력에서 깨어날 수 있고 내 인생이라는 배의 선장이 될 수 있다.

자신의 무의식을 이렇게 '용해하는' 작업을 한 뒤 심상화, 확언, 주문 외우기 같은 유명한 방법들을 쓰면 무척 아름다운 효과를 얻게 될 것이고 좌절을 맛보는 일 역시 훨씬 덜할 것이다.

지금까지 이러한 종류의 깨어남은 우리 인간들 사이에서는 상당히 드문 위업이었다. 깨어나기까지 어떤 사람은 몇십 년에 걸친 정신치료를 받고, 어떤 사람은 그에 비등할 만큼 오랜 시간 좌선 명상을 한다.

하지만 이 책에서 제안하는 실존적 변태 수업의 방법 — 무의식을 빠르게 의식화하는 방법 — 은 그와 다르다. 당신의 무의식적인 욕망과 호기심은 더 이상 당신을 지배하지 않을 것이다. 그렇게 되면 거대한 가능성의 풍광이 삶에 펼쳐진다.

이 통합 방법은 몇 년, 몇십 년이 아닌 며칠, 몇 주, 몇 달 만에 효과를 볼 수 있다. 왜? 실존적 변태 수업은 단순히 그림자 자아를 알아차리는 데 그치지 않기 때문이다. 실존적 변태 수업은 자신의 그림자 자아를 수용하고 사랑하는 법을 알려준다.

생각해보라. 무의식은 우리가 밤에 꾸는 꿈만을 지배하지 않는다. 깨어 있는 낮 동안의 경험을 결정짓는 패턴, 욕망, 호기심 역시 광범위하게 지배한다. (우리가 쉽게 인정할 수 있는 정도를 훌쩍 뛰어넘는 수준으로.)

우리가 깨어 있을 때 경험하는 일상 역시 일종의 꿈이다. 밤에 꾸는 꿈보다 훨씬 밀도 있고 느리게 움직이긴 하지만, 그럼에도 불구하고 그것이 여전히 꿈이라는 사실은 변하지 않는다.

무의식의 내용물을 의식적으로, 의도적으로 다루는 법을 알게 되면 깨어 있는 삶을 통제할 수 있는 힘이 대단히 커진다.

자각몽을 꾸는 사람이 이게 자면서 꾸는 꿈이라는 사실을 인식하면 밤의 꿈을 내 맘대로 통제할 수 있게 되는 것과 같은 이치다.

깨어 있는 일상이라는 꿈속에서 제대로, 그리고 요령 있게 눈을 떠 자신의 힘을 되찾는 것이 내가 이 책을 통해 여러분과 함께하고 싶은 일이다.

일단 본인의 그림자를 '타자'로 바라보며 소외감만 느끼지 않게 되어도 당신은 힘이 솟는 걸 경험하기 시작할 것이다.

이 책은 고착화된 삶의 고통스러운 패턴에서 우리가 취하는 무의식적인 쾌감을 어떻게 의식화하는지 알려주는 그림자 통합 방법으로서 이를 통해 삶이 뒤바뀔 수 있다. 지금까지 무의식의 영역에 억눌려 있던 '길티 플레져 guilty pleasure*'를 의식적으로 즐기고 승인함으로써 우리는 고착화된 패턴을 중단하고 끝내 우리가 진짜 원하는 것을 얻을 수 있게 된다.

나는 실존적 변태 수업이 신선한 방법이기는 하지만 전혀 선례가 없는 오리지널은 아니라는 사실을 밝히고 싶다. 탄트라와 영지주의靈智主義 계보의 학파들(힌두교, 불교, 그리고 서양의 비전 전통)은 고양된 감각에 머무르는 법을 중요하게 가르친다. 여기서 '고양된 감각'이란 고통과 쾌락 같은 강렬한 육체적 느낌뿐 아니라 분노, 두려움, 욕정 같은 강렬한 정서적 느낌 역시

＊ 어떤 일에 대해 죄의식을 느끼면서도 그것을 좋아하고 즐기게 되는 심리. 편집부 주.

의미한다.

그래서 탄트라교 신자는 전통적으로 섹스나 죽음처럼 강렬한 반응을 일으키는 주제에 대해 명상하고 감정과 본능(특히 섹스와 공격성)이 가진 날것의 에너지를 광명의 깨달음으로 전환시키는 법에 대해 집중적으로 배운다.

탄트라교는 끌림과 혐오, 쾌락과 고통의 강렬한 에너지를 피하지 말고 오히려 각성을 이끌어내는 데 사용할 수 있도록 작업하는 것이 중요하다는 것을 근본 사상으로 삼는다. 왜? 욕망과 공격성, 사회적으로 터부시되는 경험을 피하는 게 도움이 안 되기 때문이다. 회피는 혐오와 애착의 올가미를 더욱 조일 뿐이고, 이것은 환상이라는 바퀴를 계속 돌게 만든다.

이와 마찬가지로 실존적 변태 수업에서 우리는 무의식의 금기 영역 속으로 뛰어들어 그곳의 고양된 감각 속에 머물며 지금까지 고착되었던 에너지를 광명의 깨달음으로 변화시키는 방법을 배운다.

1 과

상변태 신성 연금술

― 신의 상변태 또라이스러움에 대하여

그리고 그것의 마법적 함의에 대하여

- 신 자신이 벌이는 변태스러운 행각

- 위대한 작업

- 광대한 참자아

- 내 운명은 내가 만든다

- 주문 걸기

- 기본 개념

- 영(spirit)

- 마법의 성적인 과정

앞부분에서 얘기한 요지로 돌아가 보자. 만일 베다^{Vedas}의 고대 지혜가 사실이라면, 그리하여 우주 전체가 신이 신 자신(Godself)과 벌이는 정교한 숨바꼭질에 불과하다면, 신은 상변태다.

지금 세상만 보더라도 신이 재미있다고 벌이는 놀이에는 전쟁과 빈곤, 고통과 파괴, 온갖 종류의 학대와 잔혹 행위 같은 처절하게 불안하고, 초금기시되고, 하드코어한 일들이 포함돼 있다.

신이 신 자신과 즐기는 놀이라는 게 가학과 피학, 지배와 피지배, 본디지^{bondage}와 고문(극단적인 형태와 미묘한 형태 모두 포함)으로 가득하다.

나는 삶의 모든 고통과 고착은 우리가 광란의 변태 게임을 벌이는 신성의 불꽃이라는 사실을 잊는 데서 오는 것이며, 삶의 위대한 기적은 그 게임이 주는 쾌락을 머리뿐 아니라 가슴과 성기 모두에서 다시 느껴 망각의 프로세스를 거꾸로 뒤집을 때 올 수 있다고 주장하는 바이다.

이 말이 받아들이기 쉽지 않다는 사실을 안다. 특히 오롯이 선한 하느님(하지만 불가사의하게도 그와 비등하게 강력하고 악한 사탄이 언제나 대립각을 세운다)을 주장한 2,000년 역사의 기독교 문화를 감안하면 더더욱 그러하다.

하지만 우리 안에 있는 신의 속성 '전체'를 의식적으로 체화하고 진정한 마법사가 되려면, 즉 가장 의미 있는 삶의 목적을 이루고 삶에서 풍요로운 성취와 치유와 사랑을 경험하려면,

이 거대한 변태 게임을 음미하고, 즐기고, 통렬하게 슬퍼하고, 그 속에서 느끼는 쾌락에 흥분하며 게임 자체에서 깨어나는 게 제일 합리적이다. 마치 하느님이 그러하듯이 말이다.

이렇게 할 때 우리는 깨어 있는 삶이라는 꿈을 꾸면서도 이것이 꿈임을 자각하며 기적을 행할 수 있게 된다. 우리 내면에 존재하는 신의 존재감, 신 자신의 불꽃을 명명백백히 손에 잡힐 듯 인지할 수 있게 된다. 욕심 많은 에고의 시선이 아닌, 내면의 신성이 가진 호기심으로 우리의 삶을 바라보기 시작한다.

내면의 신성은 더 이상 뉴에이지식의 다정하고 편안한 개념이 아니다. 그것은 전기가 찌릿찌릿 오르고 실체가 있는, 직접 '느껴지는' 현실이다. 이 작업을 할 때 우리는 에메랄드 태블릿 Emerald Tablet의 유명한 연금술 금언인 "위에서 그러하듯 아래에서도 그러하다. 안에서 그러하듯 밖에서도 그러하다"를 구체적으로 실천하게 된다. 마법적 세계관의 정수인 우주적 상응을 가리키는 이 극적인 개념에 대해 말로 유려하게 썰을 푸는 건 쉽다. 하지만 이것을 실제로 살아내는 것은 완전히 다른 얘기다. 이 '살아내는 것'이 바로 실존적 변태 수업의 핵심이다.

이것을 숙고해보자. 우리의 의식적인 자아(통상 나라고 생각하는 부분들)는 분명 삶에서 일어나는 나쁜 일이 하나도 일어나지 않기를 바란다. 우리의 의식적 자아는 실패, 모멸, 빈곤, 질병, 거절, 슬픔이 아닌 승리, 성공, 부, 건강, 사랑, 기쁨 등을 얻는 편이 훨씬 좋다고 생각한다. 하지만 부처의 말처럼 "모든 중생은 행복해지고 싶어한다. 하지만 모든 중생은 고통받는다." 다른 말로 하자면 우리는 왠지 내가 원한다고 입으로 말하는 것과는 정반대의 것을 얻게 될 때가 많다. 그리고 할리우드 셀럽들처럼 모든 걸 다 가진 사람들도, 즉 세상의 모든 부귀영화를 누리는 사람들도 무서울 정도로 비참하고 오롯이 고통만 있는 절망을 느낀다.

도대체 왜 이런 걸까? 분명 지독한 이유가 있는 게 틀림없다.

나는 그 이유를 다음과 같이 설명하고자 한다. 인간으로서 우리를 구성하는 모든 자아는 언제나 신성의 전체성이 반영된 모습이다. (위에서 그러하듯 아래에서도 그러하다. 안에서 그러하듯 밖에서도 그러하다.) 우리는 신성한 대우주 전체가 반영된 소우주이며, 그렇기 때문에 우리 각자는 경험 가능성의 전체 스펙트럼, 즉 쾌락과 고통, 선과 악 모두에 대한 호기심과 욕망을 선천적으로 갖고 태어났다.

잠시 이 부분을 깊이 숙고해보자.

뜬구름 잡는 듯한 일부 끌어당김의 법칙이 말하는 바와 달리 우리는 우리가 의식적으로 원하는 것을 거의 얻지 못한다. (이 책에서 말하는 깊은 용해 작업을 하지 않는 한.) 우리는 언제나 우리가 무의식적으로 원하는 것을 얻는다.

만일 자신이 무의식적으로 원하는 게 무엇인지 알고 싶다면 30년씩이나 정신분석을 받아가며 고생할 필요가 없다. 그저 삶에서 현재 갖고 있는 것만 봐도 자신의 무의식이 원한 게 무엇인지 정확히 알 수 있다. 내 무의식은 원하는 것을 '얻기' 때문이다. 이 부분은 잠시 후 좀더 자세히 다룰 것이다.

우리가 어둡고, 뒤틀리고, 불쾌한 것은 절대 바라지 않는다고 고집부리는 한, 인간 호기심의 전체 스펙트럼 중 상당 부분은 잘리고, 억압되고, 부정되고, 무의식이 되어버린다. 이것은 나쁜 소식이다. 무의식의 욕망-호기심이 물질 현실에서 현실화되는 힘은 의식적이고 '선한' 에고가 허락한 욕망보다 훨씬, 훨씬 더 크기 때문이다.

우리는 인간이 가진 호기심의 어두운 면을 내 것으로 인정하고 그것을 깊은 차원에서 뻔뻔하게 책임지는 법을 배워야 한다. 그 어두운 면이 발현된 고통스러운 현실을 기꺼이 즐기겠다고 인정할 줄 알아야 한다. 이것을 내 것이라고 인정하지 않는다면 우리는 무서운 것을 계속해서 창조해내는 무의식의 사이클에 꼼짝없이 잡혀 있게 된다. 여기서 잠시 우리가 지금까지 얘기한 것이 또 다른 매우 장대한 개념인 연금술의 '위대한 작업(Great Work)'과 어떤 관계가 있는지 살펴보자.

위대한 작업

자연의 마법과 같은 힘을 체화해가는 작업은 연금술사들이 위대한 작업이라고 부르는 것과 밀접한 연관이 있다. 지금 내가 하는 말에 너무 놀라지 마시길. 위대한 작업의 과정은 깨달음 — 또는 개인화, 깨어남, 이니시에이션initiation, 전일화(becoming whole) 등 — 이라고도 알려진 여정과 동일하다. 한마디로 말해 자신이 처량하고 고립된 개인이라는 뼛속 깊은 동일시에서 점점 벗어나 신이라는 거대한 대양의 파도임을 깨달아가는 과정이다. 여기에는 대단히 고귀한 노력이 필요하긴 하지만 이것을 추구하는 것은 많은 현실적인 보상을 가져다준다.

위대한 작업의 수준이 깊어질수록 우리의 의식은 진화하고 통합되며, 의식이 이렇게 변성될수록 우리의 만족을 위한 멋진 세속적 기회들을 포착하고 활용할 수 있는 역량도 훨씬 커진다.

실제로 개인적으로 나는 이 과정에서 눈을 가린 베일이 들려 올려지는 동화 같은 순간을 반복적으로 경험했고, 내가 원했던 것은 내내 그곳에 있었기 때문에 손을 뻗기만 하면 된다는 사실을 깨달았다. 그전까지는 너무 무지하거나 둔해서 알아볼 수가 없었던 것뿐이었다.

위대한 작업의 첫 번째 핵심 단계는 연금술사들이 우니오 멘탈리스unio mentalis라고 부르는, '통합된 마음의 창조'다.

여기서 중요한 것은 연금술의 맥락에서 말하는 이 '마음'이 일반적인 의미의 생각하는 마음을 뜻하는 게 아니라는 사실이다. 그것은 내 존재 안의 생각, 감정, 의지의 통합을 의미한다. '통합된 정신' 또는 '통합된 태도'에 더 가깝다고 말할 수도 있겠다. '통합된 마음'의 상징은 힘이 끝까지 차오른 온전한 심장이다.

우니오 멘탈리스를 이룬 자는 자신과 갈등하지 않는 존재다. 분리되어 있지 않기 때문에 대단히 강력하다. 위대한 작업의 우니오 멘탈리스 단계가 이 책에서 다루는 내용이다.

우니오 멘탈리스 단계를 밟는 게 단순히 선비주의적 이유로 좋은 것만은 아니라는 점을 꼭 알아야 한다. 이것은 대단히 현실적이다. 우니오 멘탈리스는 '통합된 의지'를 갖는다는 말과 같다. 고대 그리스의 마법사들은 현실 마법이 성공하려면, 즉 긍정적인 동시성의 경험을 의도적으로 발생시키려면, '통합된 의지'가 절대적인 전제조건이라고 생각했다.

위대한 작업의 두 번째 주요 단계는 '하나의 세상'을 뜻하는 우누스 문두스unus mundus로서 '통합의 확장'을 뜻한다. 이것은 사람의 혼(soul)-영(spirit)이 완벽하게 현현하여 세상과 하나된 상태로서, 물 위를 걷거나 죽을 때 무지개로 변해 머리카락과 손톱만 남기는 등의 일을 할 수 있는 단계다.

나는 여전히 이 단계가 의미하는 바를 알고자 노력 중이다.

우니오 멘탈리스가 갑자기 거대한 무지개로 화하거나 말 그대로 물로 포도주를 만드는 단계처럼 원대하지는 않아도, 이 과정을 밟는 당신은 대부분의 사람들보다 위대한 작업의 여정 위에서 훨씬 더 멀리 갈 수 있다. 또한 우니오 멘탈리스를 이루는 것은 우누스 문두스에 도달하는 방법을 찾기 위한 전제조건인 경우가 많다. 다시 말해 가슴-정신이 통합되지 않으면 모든 현실의 통합된 현현에 도달하는 길을 찾기가 어렵다.

황금새벽회(Golden Dawn)와 알레이스터 크로울리*Aleister Crowley 에 의해 20세기에 유명해진 서구의 비전 전통에서 '성 수호천사와의 대화 및 지식(Knowledge and Conversation of the Holy Guardian Angel)의 습득'은 이러한 우니오 멘탈리스에 상응하는 개념이다. 성 수호천사가 아니마^{anima}/아니무스^{animus}처럼 정신 내면의 '타자'로, 다시 말해 뚜렷이 구별되는 자주적인 '개인'으로 경험되는 일도 종종 있긴 하다. 그러나 또한 성 수호천사가 시공을 넘어선 심오한 연결에 관한 직관적 이해로 나타나는 경우 역시 많다는 점을 반드시 명심해야 한다.

이 책에서 다루는 위대한 작업의 첫 번째 단계인 우니오 멘탈리스는 결국 우리의 이상, 의도, 영감(우리의 영, 우리 존재의 남성적이거나 투사적인 면)과 수용-구현적(embodied), 감정적, 성적, 창조적 에너지(우리의 혼, 우리의 여성적이거나 수용하는 면으로써 동시성 경험을 잉태하여 외부세계에 출산하는 면이기도 하는) 사이의 어긋남을 치유하는 과정이다.

이것은 왜 중요한가?

우리 인간 대부분이 한없이 분열된 의지를 가지고 움직이기 때문에 자신의 진정한 잠재력을 실현할 능력이 약해졌기 때문이다.

광대한 참자아

이것을 생각해보자. 혼-영 차원에서 우리 각자는 위대한 우주

---

* 세계적으로 유명한 오컬티스트이자 시인, 등산가. 편집부 주.

적 자웅동체로서 끊임없이 자가수정한다. 우리의 혼과 영 모두 우리의 본질인 더 높은 차원의 신성한 참자아(Self)를 구성하는 요소다. 우리의 본질인 상위자아를 인간 대부분은 의식하지 못한다. 그렇기 때문에 앞서 말한 것처럼 상위자아는 대개 꿈이나 사건의 현현(동시성)을 통해 우리에게 말을 건다.

참자아가 전하는 말을 꿈이나 동시성을 통해서만이 아닌 깨어 있는 자각 속에서 그냥 '알게' 되는 것, 이것이 서구 비전 전통에서 말하는 '성 수호천사의 지식과 대화'이고, 융이 '개성화의 정점'이라고 가리켰던 '내면의 타자(아니마/아니무스)와 의식적으로 관계 맺는 과정'이다.

인간 대부분이 광대한 참자아를 의식하지 못하는 것은 우리 모두가 자신을 분리되고 소외된 에고, 잔인한 운명과 외부 상황에 휘청이며 흔들리는 고립된 작은 입자로 경험하는 것에 강한 관심이 있기 때문이다. 한번 생각해보라. 만일 참자아 속에 '모든 것'이 들어 있다고 한다면, '나'를 분리된 존재로 경험하는 것은 자신을 양극성의 한쪽 면에만 동일시한 채 나머지 한쪽은 경멸하며 "이건 절대, 한사코 내가 아니야"라고 척하는 것이다.

바로 이것이다! 당신이 이 창조적인 '척하기'를 하는 순간, 당신은 (일시적으로, 허구적으로) 참자아에서 분리된 것처럼 보이는 에고 자아를 만들어낸다. 우리가 '나'라고 생각하는 에고-인격은 이 허구의 분리감을 유지하기 위해 존재의 어마어마한 부분을 가혹하게 비난하고, 부정하고, 부인하면서 이것을 무의식으로 억누르고, 결국 개인적이고 집단적인 그림자를 창조한다.

우리는 이 작업을 '그림자 통합'이라고 지칭하지만 사실 이것은 '참자아 통합'이라고 불러도 무방하다. 참자아에는 모든 원형, 모든 신과 악마가 포함되어 있다. 소위 말하는 그림자의 '나쁜 것'을 통합하는 과정은 지금까지 우리가 의식하지 못했던 참자아, 무의식의 신성 전체가 포함된 이 참자아와의 연결성을 회복하는 일의 일부에 불과하다.

내 운명은 내가 만든다

앞서 언급한 칼 융의 대단히 중요한 통찰을 다시 한번 짚어보자.

"의식화되지 않은 무의식은 당신의 삶을 지배할 것이고 당신은 그것을 '운명'이라 부를 것이다."

다시 말해, 에고에게 부정당한 감정과 욕망과 생각은 고통스러운 동시성 경험을 일으켜 필연적으로 우리를 괴롭히는데(개인적으로나 집단적으로), 이것은 경멸하는 양극성의 한쪽 면을 직면하고 재통합하라는 무의식의 촉구이다. 융에 앞서 지그문트 프로이트는 이것을 '억압의 귀환'이라고 불렀다.

양극성에는 모든 반대되는 쌍이 포함된다. 남성성과 여성성, 불과 얼음, 밤과 낮, 폭력과 치유, 창조와 파괴, 선과 악, 성취와 박탈, 힘과 무력 등등.

예를 하나 들겠다. 우리 대부분은 부를 숭상하는 사회에서 성장했고, 그 결과 양극성의 다른 면을 부정하고 부인했다. 바로 결핍에 대한 사랑이다. 그렇게 무의식이 된 결핍에 대한 사랑은 삶 속에서 동시적으로 모습을 나타낸다. 우리가 의식적으로, 의도적으로, 수치 따위는 모르는 것처럼, 환장하게 그것을 사랑하기로 할 때까지.

위대한 작업은 결국 무의식을 의식화함으로써 행위 주체(agency)의 무게중심을 바꾸어 내 운명의 상투를 직접 틀어잡는 과정이다.

행위 주체의 무게중심을 바꾼다는 말은 에고의 반쪽짜리 선택(에고는 자신이 '좋은 것'이라고 이름표 붙인 것만을 원하는 편이다)에 동조하는 대신, 근원의 완전한 신성이 선택하는 보다 변태적이고 훨씬 모험적인 길을 내 것으로 받아들인다는 뜻이다. '진짜 모든 것'을 궁금해하고 향유하는 이 이상하고 광대한 참자아야말로 우리의 진정한 본질이다.

이를 위해서는 모든 경험을 '좋다'(나에게 득이 될 것처럼 보이는 것)와 '나쁘다'(나에게 득이 될 것처럼 보이지 않는 것)라는 허구(거침없게 말하자면 망상이라고까지 할 수 있는)의 잣대로 나누는 에고의 성향과 저항을 완전히 꺾어야 한다. 이 부분에 성공하면 에고는 분리라는 허상에 빠져 있던 겹겹의 층을 벗겨내고 자신이 더 높은 차원의 신성한 전체인 참자아의 구체적인(사실 재미있는 것에 더 가까운) 표현일 뿐이라는 사실을 점점 더 명확하게 보게 된다.

참자아는 모든 사물과 모든 인간의 근원이 되는 자성自性으로서 (역설적이게도) 이것은 인간 내면의 진정한 자아성이기도 하다. 참자아는 무한한 의식이기 때문이다. 우리네 인간을 전구라고 한다면 참자아는 우리에게 전력을 제공하는 전기다. 우리가 모든 이들과 공유하는 이 전체의 근원과 더 깊이 동일시할수록 우리는 역설적으로 더욱 개성 있는 인간이 되어간다. 사회적으로 규정된 기존의 역할에 대한 집착으로부터 점점 더 자유로워지기 때문이다.

분리라는 허상에서 깨어나는 순간 우리는 육체 안에 흐르는 성적이고 금기시되는 전기 에너지(샥티shakti, 성적 흥분)를 우리의 가장 고귀한 이상과 의도에 연결시키게 된다. 우리의 이상과 의도에 지금까지 찾아볼 수 없었던 고전압의 정력精力이 흐르게 되는 것이다.

위대한 작업을 실천할수록 세상에 실질적이고 물질적인 현실을 만들어내는 능력은 더욱 커진다.

마녀를 뜻하는 바스크어 소르지낙sorginak은 '자기 운명을 만드는 자'를 뜻한다. 내가 이 책을 통해 여러분에게 제시하는 것은 본인의 운명을 만드는 방법이다. 깨달음으로 가는 정교하고 여성적인 이 마녀의 길은 대중적으로 보다 칭송받는 금욕, 명상, 요가 성인의 남성적인 길과는 약간 다르다.

위대한 작업의 이 마녀적인 길은 우리 자신과 존재의 가장 어둡고 무시무시한 측면을 즐기는(그리하여 명백히 뿌리 깊게 재통합하는) 법을 배우는 과정이다. 섹슈얼하고 세속적이며 오르가즘을 안겨주는 이 황홀한 여정은 힌두교와 불교의 탄트라 전통과 매우 많이 닮아 있다. 완전히 까놓고 말하자면 이 실존적 변태 작업은 좌도左道*이다. 좌도는 '번개의 길'이라고도 알려져있는데, 이는 사람을 매우 빠르게(번개처럼 빠르게) 깨울 뿐 아니라 '내가 생각하는 나'를 파괴하기 때문이다(번개가 떨어진 곳은 다 타버린다).

정말 흥미진진한 얘기 아닌가?

주문 걸기

주문을 건다는 것은 동시성을 통해 구체적인 결과를 발생시키도록 자신의 개인 무의식 및 집단 무의식과 대화하는 것을 뜻한다. 믿거나 말거나 여러분은 매 순간 주문을 걸고 있다. 여러분의 말, 행동, 거울 속 자기를 쳐다보는 표정, 타인에게 보여주는 표정. 그리고 옷, 향수, 노래, 미소, 웃음. 반응과 분노까지. 이 모든 게 다 주문이다.

당신은 자신의 개인 무의식과 집단 무의식과 끊임없이 대화한다. 당신은 '내가 생각하는 나'를 끊임없이 수행하고, 자신이

---

* left-hand path, 서양 비전에서의 우도(right-hand path)와 좌도는 마법에 대한 두 가지 반대되는 접근법이다. 우도는 특정한 윤리적 규칙 및 사회적 관습을 채택한 마법 집단을 일컫는 단어인 반면, 좌도는 정반대의 사고방식, 즉 금기를 타도하고 도덕적 기준을 버리는 것을 의미한다. 편집부 주.

받아들인 사회적 정체성과 조건을 투사한다. 자신의 정체성을 수행하려면 본인의 개인 무의식 및 집단 무의식과 계속 대화를 해야 하므로 결국 이 정체성을 반영하고 확인하며 정교히 하는 상황, 관계, 동시성이 끊임없이 생성된다.

자신이 무의식적으로 믿는 '나'의 모습이 무엇인지 알고 싶거든 그저 본인의 삶, 주변 환경, 지금 맺고 있는 관계를 둘러보기만 하면 된다. 여러분의 삶은 여러분이 갖고 있는 깊은 신념을 그대로 반영한다.

자신이 창조한 상황과 관계가 아무리 봐도 '동시적'이거나 '마법적'이라고 느껴지지 않을 때가 많은 것은 그것이 너무도 익숙한 반복이기 때문이다. 상당히 지겹고, 나를 옥죄는 것 같고, 약간 뻔하게 느껴지기도 한다. 우리 대부분은 조건화된 정체성을 잘못된 것, 하자 있는 것, 사람들의 적의를 받아 마땅한 것, 좋은 평가를 받을 만하지 않은 것으로 무의식적으로 받아들였다. 그 결과 우리는 그 무의식적 신념을 반영하고 확인해주는 상황을 마법처럼 계속해서 만든다.

거듭 강조하지만 이 말은 여러분이 무의식적으로 창조하는 어려운 상황과 인간관계가 여러분 탓이라는 뜻이 아니다. 의식적이고 개인적인 선택의 영역을 넘어선 카르마 혹은 사회적 조건은 일개 개인인 여러분의 탓이거나 과실이 아니다.

하지만 자신의 무의식적 조건과 정체성을 바꾸고 그것을 신성의 현실로 회복할 수 있는 유일한 사람은 바로 개인으로서

의 여러분이다. 여러분은 '능력'이 있다. 죄가 있거나 과오가
있는 게 아니다.

아마도 이 책에서 여러 번 반복해서 언급하게 될 개념 하나를
확실하게 설명하겠다. 이 개념이 이 작업의 핵심이다. 그러니
부디 확실히 배우길 바란다.

그 개념은 바로 이것이다. ─ 당신은 당신이 생각하는 그 사
람이 아니다.

내가 100퍼센트 확신을 갖고 얘기하는데, 당신이 자기 자신
을 누구라고 생각하든 당신은 그 사람이 아니다. 이 사실을 자
주 떠올리기 바란다. 그러면 이 작업이 훨씬 쉬워진다.

아침에 이를 닦을 때 이렇게 생각해보라. "나는 절대로 내가
생각하는 내가 아니다. 나는 그것과는 완전히 다른, 훨씬 더 광대
하고 이상한 무언가다. 음, 내가 진짜 무엇인지 나도 궁금하군."

대체로 당신이 생각하는 당신은 강박적으로 반복되는 일부
생각과 이야기들로 엮어진 사회적으로 구성된 허구로서 당신
의 실제 존재와는 닮은 점이 거의 없다. 현명하고 날카로운 마
법사 론 마일로 듀켓Lon Milo Duquett은 이렇게 말했다. "물론 마
법은 모두 당신 머릿속에서 일어나는 일이다. 문제는 그 머리
가 당신이 상상하는 것보다 미친 듯이 크다는 것이다." 즉 '외
부'세계 전체는 사실 의식 '안'에 존재한다. 자신의 주관적 인

식 밖에 있는 '객관적' 세상을 경험한 자는 아무도 없다. 세상에서 가장 엄정한 과학적 실험조차도 주관적으로만 경험될 수 있을 뿐이다. 간단히 말해 우리의 주관적 인식 밖에 존재하는 세상은 없다.

영

영(spirit)은 완전함을 인식하는 참자아의 활동적이고 투사적인 면으로서, 한없는 가능성과 완전함에 대한 인식을 바탕으로 영감을 방출한다.

하지만 우리의 에고-인격, 의식적인 마음은 이러한 영감을 만사가 '어때야 한다'는 다종다양한 의견으로 잘못 번역할 때가 많은데, 이것이 우리의 소외감을 지속시킨다.

이러한 의견은 대체적으로 명령조다. 가령,

"사람들은 더 친절해야 해."

"나는 몸매를 가꿔야 하고 채소를 더 많이 먹어야 해."

"세상은 공평해야 해."

"우리는 돈을 써서는 안 돼. 모든 건 선물경제(gift economy)로 돌아가야 해."

"나는 괜찮은 사람하고만 섹스를 하고 싶어해야 해."

이런 예는 한도 끝도 없이 댈 수 있다.

영은 한계를 모른다는 사실을 기억하라. 영은 순수한 무한성과 가능성만을 본다. 하지만 에고 의식이 영의 이러한 인식을 받아들일 때 이것을 한정된 물질세계에 끼워 맞춰 해석하려다 보니 무한성에 대한 영의 인상은 결국 만사는 이러저러해야 한다는 '당위'처럼 왜곡되고 만다. 그리고 그 모든 무한성과 의견을 가진 '에고에 의해 해석된 영'은 배설물 범벅에 성적 욕망으로 가득하고 엉망진창 부엌과 치즈케이크에 대한 욕구로 가득한 동물적 자아를 상당히 비판적인 눈으로 바라보곤 한다.

하지만 기묘한 것은 이 모든 당위와 비난과 의견 배후에 영이 가진 웅장한 힘이 있다는 사실이다.

이 웅장한 힘은 인간의 삶에서 대개 한 번도 이용되지 않고 미답지로 남아 있다.

하지만 영은 이미 완전한 삶을 있는 그대로 허용하고, 있는 그대로 포용하고, 있는 그대로 찬미하고, 있는 그대로 인식할 수 있는 초강력한 힘을 갖고 있다. 영이 "완벽해!"라고 감탄하는 소리를 의식적 마음/에고는 "더 완벽하게 해야지! 지금은 완전 구려!"라고 해석해버린다. 하지만 사실 영이 말하는 바는 "지금 이 순간 모든 게 완벽해!"이다.

맞다. 모든 것이 완벽하다. 폐허가 된 영광 속에 서 있는 세상과 우리들 모두.

수치나 혐오가 전적으로 배제된, 완벽한 허용과 포용의 경험은 영이 우리에게 언제나 가르치고자 하는 것이지만 아이러니하게도 우리의 의식적 마음은 이것을 모두 당위와 비판으로 잘못 해석한다.

자, 그렇다면 우리는 이런 상황을 어떻게 바꿔야 하는가?

마법의 성적인 과정

실존적 변태 수업은 강력한 형태의 마법(또는 심리통합)으로서 수용적인 여성성(부정당하고 부인된 무의식, 혼)이 만사에서 완전함을 보는 우리의 영(우리 존재의 남성적이고 투사적인 면)을 잉태하여 마침내 우리 삶에 긍정적인 동시성이라는 현실을 낳는 과정이다.

사실 원죄 없는 잉태(Immaculate Conception)의 심원한 의미가 바로 이것이다. 동정녀 마리아는 만사를 절대적으로 허용하는 하느님의 영 에너지를 받아들인다. 이 에너지는 그녀의 본능적인 동물 자아와 성기까지 온전히 흐르고 이때 잉태한 그녀는 이후 아니마 문디Anima Mundi, 즉 세계 영혼 또는 참자아의 상징인 예수 그리스도를 출산한다.

자, 여기까지가 뜬구름 잡는 형이상학적 해석이었다. 그렇다면 이게 현실적으로 의미하는 바는 도대체 뭘까?

이것은 당신이 에고에게 "고맙지만 잠시 입 좀 닥쳐줄래"라고 말한 뒤 영의 '포용과 허용을 추구하며 내재된 완벽함을 인식하는 힘'을 받아들이고 그 힘을 당신의 실제 삶, 육체, 감정, 현재 상황으로 흘려보내는 것을 의미한다.

실존적 변태 수업은 당신의 영으로 하여금 지구에서의 이 삶 — 인간이라는 짐승의 몸을 갖고 지금 이 순간 바로 여기에서 펼쳐지는 삶 — 이야말로 영이 언제나 그 완전함에 전율하며 노래로 찬미하고 싶어했던 것임을 깨닫게 만드는 과정이다.

혹은 실존적 변태 작업은 현실 마법에 익숙해지는 과정이라고도 말할 수 있다. 즉, 당신은 자신의 전 존재를 모조리 구현할 것을 결심하고, 지금 모습이 아무리 엉망진창이고 바닥일지라도 그것을 완전히 살아내는 데 동의하는 것이다. 하나의 거리낌 없이, 물러남 없이, 미련 없이, 판단분별 없이, 수치심 없이.

저항과 부정적인 판단을 내려놓았을 때 당신은 자신이 영향력을 끼칠 수 있는 유일한 자리인 지금의 현실과 완전히 연결될 수 있다.

우리 인간 대부분의 영은 에고에 의해 비판과 냉담함으로 잘못 해석되고 있다. 인간의 의식적 마음은 대개 존재의 온전한 구현에 아직 도달하지 못했으며, 이것이 바로 우리가 막강한 자연의 힘이 되지 못하는 이유다.

지금 여기 물질세계에서 존재를 온전히 구현할 때, 즉 지금의 모습 그대로 온전히 존재하고, 이미 겪고 있는 경험을 온전히 겪는 데 마음을 활짝 열어 변태적 쾌락에 온몸을 떨 때, 바로 그곳에서 역설이 펼쳐진다.

역설이란 당신이 지금의 모습 그대로 온전히 존재하고, 이미 갖고 있는 것을 온전히 가질 때, 그리고 그것을 찬탄하고 찬미할 때 당신은 상황을 대단히 쉽게 바꿀 수 있는 현실 마법의 대가, 자연의 힘이 될 수 있다는 사실이다.

지구에서 벌어지는 깨어 있는 꿈이 실로 꿈임을 얼마나 선명하게 자각할 수 있는가는 당신이 얼마나 적극적으로 에고에서 벗어나 오로지 완전함만을 보는 영의 강력한 인식으로 자신의 동물적 자아, 무의식, 실제 상황을 볼 수 있는가에 정비례한다.

섹시한 용어로 설명하자면, 이렇게 할 때 당신의 영은 "이미 절대적으로 완벽해! 대단해!"라는 사랑의 씨앗을 무의식적이고 창조적인 자아의 자궁에 심게 된다. 그다음의 일을 마법의 언어로 설명하자면, 이 "이미 절대적으로 완벽해! 대단해!"라는 씨앗은 당신의 무의식적 자아의 자궁에서 발아되며 며칠, 몇 주, 몇 달 내에 그 씨앗에서 자라난 아이는 상황, 새로운 자각, 동시성, 사람, 사건의 형태로 세상에 태어난다.

이 은유에서 말하는 '완전함에 대한 인식'이 낳은 아이, 즉 에고의 망상에 의해 왜곡되지 않은 영의 수용적인 지혜가 만든 아이는 당신이 부린 마법의 결과, 당신이 만들어낸 긍정적인 동시성을 뜻한다.

우리의 무의식적이고 창조적이며 동물적인 면은 언제나 영의 씨를 잉태하고, 언제나 마법의 결과를 출산한다. 하지만 앞서 논의했던 것처럼 대개 영의 씨는 "완벽해!"라는 영의 충동을 "완벽해야 하는데 완벽하지 않잖아! 완전 구려! 왜 아직 완벽하지 않은 거지? 다 잘못됐어! 최악이야, 이거 너무 싫어!"라고 끊임없이 오독하는 에고에 의해 유전자 조작이 일어난다.

그리하여 대개 우리의 창조적이고 수용적인 면(무의식)은 거절과 수치와 비판과 거부의 씨를 품게 된다. 그리고 그녀는 이 수치와 거절과 거부의 느낌을 자극하는 속성을 가진 마법적 결과를 삶의 상황과 경험, 동시성, 관계 등으로 출산한다.

이분법적 언어로 설명해보자면, 이 작업을 대단히 의도적으로 수행하기 전까지는 '부정적인' 동시성을 창조할 때가 많다고 할 수 있겠다. 즉, 동시성 또는 의미 있는 우연이 끊임없이 일어난다. 당신이 내면 가장 깊은 곳에서 믿고 있는 '나'와 당신이 외부세계에서 경험하는 사건은 완벽하고 시적인 리듬을 타며 서로를 고스란히 반영한다.

슬프게도 대부분의 사람들은 자기 자신과 세상이 잘못됐고 만족스럽지 않다고 내면 깊이(무의식적으로) 믿는다. 그 결과 그들은 잘못됐고 만족스럽지 않다는 믿음을 고스란히 반영하고 확인해주는 외부 동시성을 삶에서 경험한다.

내가 여러분에게 소개하고자 하는 실존적 변태 연습은 당신이 내면 가장 깊은 곳에서 경험하는 당신의 모습을 뒤집을 수 있는 빠르고 효과적인 방법이다. 이를 통해 여러분은 삶에서 경험하는 동시성의 격을 크게 향상시킬 수 있을 것이다.

실존적 변태 수업의 공리 일곱 개

- 갖고 있다는 것은 그것을 원했다는 증거다

- 감각을 쾌락으로 경험하느냐 고통으로 경험하느냐는 우리의 선택이다

- 모든 터치에 흥분할 수 있다. 삶에서 일어나는 모든 일이 한 번의 '터치'이다

- '흥분'과 '닫음'의 정도는 우리가 삶을 얼마나 온전히 허용할 수 있는가에 달려 있다

- 욕망은 부정이나 억압이 아닌 실현을 통해 진화한다

- 수치는 마법을 죽인다

- 진실은 감각적이다

공리란 결론 도출을 위해 증명 없이 일단 옳다고 전제하는 명제를 뜻한다. 즉, 앞으로 소개할 일곱 개의 공리는 그것이 사실임을 여러분에게 '증명할' 수 없는 본 작업의 명제다. 하지만 여러분이 실험하는 자세로 이것을 일단 사실이라고 받아들이고 그것이 어떤 결과를 가져오는지 지켜보고자 한다면 아주 놀랍고 뿌듯한 결과를 얻게 될 것이라고 확실하게 말할 수 있다.

1. 갖고 있다는 것은 그것을 원했다는 증거다

이 공리는 다소 충격적이고 불편하게 들릴 수 있다. 특히나 당신이 삶에서 고난을 겪었거나 겪고 있다면 더더욱 그럴 것이다. 그런 고난을 내가 원했다고 생각하는 건 무척이나 거슬릴 수 있다. 그러나 다시 한번 강조하지만 어려움이나 부정적인 패턴을 원한 것은 우리의 의식적인 면이 아니다. 우리의 무의식적인 면, 악마적인 면이 원한 것이다. 우리가 평소에는 동일시하지 않지만 그럼에도 불구하고 우리의 경험에 강력한 영향을 끼치는 그 부분이 원한 것이다.

"갖고 있다는 것은 그것을 원했다는 증거다"는 앞서 지혜로운 마법사 칼 융이 했던 예리한 인용구, "의식화되지 않은 무의식은 당신의 삶을 지배할 것이고 당신은 그것을 '운명'이라 부를 것이다"의 또 다른 버전이기도 하다. 융은 자신의 저작물을 통해 우리의 무의식은 생식력이 있고, 수용적이고, 마법에 유능한 우리의 일부임을 내내 설명했다. 무의식에 생식력이 있다는 말은 무의식 안의 감정과 상징과 태도가 우리의 경험을 만드는 동시성 또는 유의미한 우연을 창조한다는 뜻이다. 당신의 무의식에 있는 욕망은 그것이 무엇이든 '태어날 것'이고, 일어날 것이다. 그리고 그 욕망의 결과는 행위 주체 외부에 존재하는 불가사의한 어떤 것, 즉 운명이 당신에게 부여한 일처럼 보일 것이다.

그래도 다행인 것은 이 강력한 무의식의 욕망-호기심을 이래도 되나 싶을 정도로 모두 받아들여 의식화하는 작업을 불편하더라도 해내면, 무의식은 당신을 쥐고 흔드는 불길한 힘을 잃게 된다는 점이다.

그러니 "갖고 있다는 것은 그것을 원했다는 증거다"라는 공리의 목적은 어떤 경험을 당사자 탓으로 돌리거나 그것으로 창피주려는 게 절대 아니다. ("너 정말 형편없구나! 네가 이걸 원한 거야!") 수치와 비난은 통합 작업에서 정말 대단히 큰 역효과를 낼 뿐이다. (수치심을 느낄수록 그것은 더더욱 무의식의 영역으로 들어간다!) 이 공리의 목적은 '발굴 도구'이다. 이 도구를 쥐고 당신의 경험을 만든 무의식의 욕망-호기심을 흥미로운 마음으로 슬슬 파보기 시작하면 그러한 욕망이 진짜 나에게서 나왔음을 진심으로 깨달아 주체적으로 받아들이게 되고, 결국 이를 통해 자신의 경험을 긍정적으로 변화시킬 수 있다.

인간 대부분에게는 수없이 많은 부정적인 무의식의 욕망이 있기 때문에 대부분의 초보 마법사들은 물질화를 시도하고도

"소용이 없네"라고 생각하기 쉽다. 의식적인 마음이 원하는 것을 받지 못하거나, 우리가 원한다고 생각했지만 알고 보니 완전 별로인 것을 얻기 때문이다.

이렇게 한 번 크게 삐끗하고 나면 큰 혼란을 느끼게 되는데, 바로 이 때문에 가능성 있는 많은 마법사들이 그냥 포기해버리고 이런 말들을 다 헛소리라고 치부해버린다.

하지만 여기 놀라운 사실이 하나 있다. 아마추어 티를 못 벗는 시시한 마법일지라도, 목표 달성을 위한 시도가 엉터리라 할지라도, 그것은 언제나 우리의 존재가 내면 깊은 곳에서 실제로 원하는 것, 즉 우리의 무의식이 원하는 것을 완벽하게 실현한다. 그리고 어쨌든 우리는 지금까지 모든 마법을 우발적으로 해왔으므로, 의도를 세우고 마법을 하는 것은 욕망과 결과의 과정을 보다 확실히 자각하고 이를 통제할 수 있다는 점에서 대단히 바람직하다고 할 수 있다.

그래서 나는 여러분이 다음의 말을 숙고해주기를 바란다. 당신 삶에서 벌어지는 현재 상황, 특히 짜증 나는 패턴으로 반복해서 일어나는 것 같은 상황(가령 매달 특정 금액만큼의 돈밖에 벌지 못한다거나, 질이 안 좋은 비슷비슷한 치들만을 애인으로 끌어당기는 것 같다거나, 반복적으로 친구에게 배신을 당한다거나 등등)은 '이미 언제나 벌어지고 있는 우발적 마법'의 결과이며, 그런 면에서 보자면 이러한 상황은 당신 무의식의 깊은 욕망이 아름답게 실현되었음을 뜻한다.

내가 "갖고 있다는 것은 그것을 원했다는 증거다"라고 말하면 자연스레 사람들은 폐허가 된 전쟁 지역이나 학대 상황에서 꼼짝 못 하는 아이들을 대며 이렇게 말한다. "그 아이들이 그런 상황을 원했다고 어떻게 말할 수 있지요? 얼마나 괴물 같은 사람이면 그렇게 얘기할 수 있나요?"

이런 질문에 대한 나의 대답은 이러하다. 첫째, 삶에서 펼쳐지는 외부 상황에 개인의 무의식만 영향을 끼치는 건 아니다. 집단 무의식의 욕망도 있다.

쉽게 판단할 수 있는 어림 기준을 소개하겠다. 만일 짜증 나는 패턴이 굳이 나에게만 반복해서 일어나는 것 같고, 주변의 많은 사람들에게는 그 패턴이 없다면 아마도 그것은 당신의 개인 무의식이 구체적으로 창조한 상황일 공산이 크다. 하지만 전쟁이나 인종차별, 아동학대 같은 전 인류적 문제라면 그것은 집단 무의식의 문제일 가능성이 크다.

그러니 전쟁과 학대를 비롯해 전 세계에서 일어나는 모든 고난은 수천 년간 통합되지 않고 억압되고 부정당한 개인의 그림자 욕망이 집단적 힘으로 뭉쳐진 것에서 발생한 것이라고 할 수 있다.

둘째, 나는 아주 용감하고 관대한 영혼들 중에는 유년 시절에 극도의 고난을 경험하고, 어쩌면 궁극적으로 그것을 의식화하고 치유하여 마침내 집단까지도 치유하겠다는 강한 개인 무의식의 욕망을 갖고 이 세상에 온 사람들도 있다는 의견이 완전히 무리수라고는 생각하지 않는다.

셋째, 집단이 만들어낸 끔찍한 상황에 처한 아이나 사람일지라도 효과적인 마법의 방식을 취함으로써 자신의 상황을 향상시킬 수 있다. 자기 연민, 절망, 분노, 비통과 같은 태도는 충분히 이해할 수 있고 가끔은 거기에 푹 빠져 있는 게 재미있고 만족스럽긴 하지만, 행복한 동시성과 결과를 창조하는 데 마법적으로 효과적이지는 않다.

마지막으로, 집단 그림자를 해소하는 가장 확실한 방법은 우리 각자의 개인 무의식 속 욕망을 자각하고 통합한 뒤 다른 사람들(진지한 관심을 표명하는 사람들) 역시 그렇게 하도록 돕는 것이다. 집단 무의식이 야기하는 잔혹한 상황은 무의식에서 벗어나지 못한 개인들이 만드는 것인 만큼 우리 각자가 개인으로서 더욱 명료히 자각할수록 집단 무의식에 끼치는 자기 몫의 영향력을 청소할 수 있다.

2. 감각을 쾌락으로 경험하느냐 고통으로 경험하느냐는 우리의 선택이다

많은 사람들이 이 선택을 의식적으로 행사하는 데 익숙하지 않기 때문에 우리에게 그런 선택지가 있다는 것조차 깨닫지 못할 수 있다. 하지만 우리는 선택할 수 있다. 감각은 질적으로 중립적이다. 그것을 고통으로 경험하느냐 쾌락으로 경험하느냐는 감각을 해석하는 마음의 결정에 달려 있다. 시인 존 밀턴 John Milton이 《실낙원失樂園》(Paradise Lost)에서 썼듯 "마음먹기에 따라 천국이 지옥이 될 수도, 지옥이 천국이 될 수도 있다."

간단한 예를 들어보자. 나는 방울양배추를 좋아해서 그것을 먹는 건 나에게 즐거움이다. 하지만 양배추 특유의 황 냄새를 싫어해서 이걸 먹는 게 고통으로 느껴지는 사람들도 있다.

조금 더 극단적인 예를 들어보자. 출산은 누구나 아는 고통스러운 과정이고 현대 미디어에서 묘사되는 분만은 고통과 신음 소리로 가득하며 촉진을 위해 무통 주사를 놓기도 한다. 하지만 쾌감 출산(Orgasmic Birth)이라 불리는 운동도 있다. 쾌감 출산을 하는 여성은 출산할 때 느끼는 강렬한 감각을 쾌감으로 경험하도록 훈련을 하는데 실제로 많은 여성들이 출산을 끔찍한 고통이 아닌 오르가즘으로 경험한다.

출산할 때의 대단히 강렬한 감각을 쾌감으로 경험하도록 훈련하는 게 쉽다는 얘기는 아니다. 그저 그게 가능하다는 얘기를 하고 싶다. 그리고 그 가능하다는 사실은 인간이라는 유기체가 감각을 얼마나 자유자재로 선택해 인식할 수 있는가를 아주 직접적으로 보여준다. 삶과 정신에서 경험하는 감각을 어떻게 인지할 것인지 선택하는 일은 무기력이나 잔인한 운명의 처분에 흔들리는 상태에 대한 애착을 놓아버리기 위한 중요한 걸음이다.

실존적 변태라는 개념을 떠올리게 된 계기인 성적 변태 또는 BDSM(Bondage/Discipline, Dominance/Submission, Sadism/

Masochism의 약자. 구속과 훈육, 지배와 굴복, 가학과 피학 등의 성적 지향. 역
주)은 확실한 비유를 제공하는데, 전 세계 많은 사람들이 고통
스러운 경험 — 체벌, 본디지, 맨살에 떨어지는 뜨거운 양초 —
을 스스로 선택하고 그러한 행위에서 쾌감과 만족을 얻는다.

실존적 변태 수업은 특히나 이 성적 변태/BDSM 현상에 대
해 숙고하며 탄생했다. 왜 우리는 삶의 고통을 이러한 플레이
를 할 때 느끼는 즐거운 쾌락으로 경험할 수 없는지 의문을 갖
기 시작한 것이다.

나는 이것이 선택의 문제와 관련이 있다고 생각한다.

BDSM에 참여하는 사람은 맞고 묶이는 것을 의식적으로 선
택하는데, 바로 이 의도적 선택이라는 요소 덕분에 사람들은
고통과 결박을 일종의 놀이로, 재미있는 것으로 경험하게 된
다. 하지만 보통 삶에서 고통스러운 일이 일어나면 우리는 그
것을 고통으로 경험할지 말지를 '선택할' 수 있는 여지가 자신
에게 없다고 생각하기 때문에 그것이 그리 재미있게 느껴지지
않는다. 오히려 아주 맥 빠지고 곤란하다고 생각한다.

따라서 실존적 변태 수업에서 상당히 중요한 포인트는 적어
도 처음에는 '척'이라도 하겠다고 결심하는 것이다. (가령 "갖고
있다는 것은 그것을 원했다는 증거다"라는 공리를 시험 삼아 인정해보는 것.)
지금까지 무의식의 영역에 있던 당신의 어떤 면이 지금의 고
통스러운 상황, 행동, 사고의 흐름, 기분 등을 즐겁고 유쾌하고
호기심 어린 마음으로 선택하고 욕망했다고 말이다.

이것을 하나의 변태적 '게임'으로 만들어버리면 당신의 주체 감각은 크게 확장되고, 의지가 통합되며, 재미와 즐거움이 실제로 느껴질 수 있을 정도로 여유가 생긴다.

3. 모든 터치에 흥분할 수 있다.
삶에서 일어나는 모든 일이 한 번의 '터치'이다

"모든 터치에 흥분한다"는 개념은 내가 오르가즘 명상Orgasmic Meditation 운동에서 배운 것이다.

오르가즘 명상에서 '만져주는 사람'은 타이머, 장갑, 젤, 둥지처럼 쌓여 있는 베개, 담요 등으로 이루어진 매우 독특한 공간에서 15분간 여성의 클리토리스를 매우 가볍게 터치한다. 오르가즘 명상은 아주 간소화된 선禪 종류의 탄트라 수행법이다. (전통 힌두교나 불교 탄트라를 찾아보면 원조는 상당히 복잡하다는 것을 알게 된다.) 손가락과 클리토리스의 접촉 부분에서 느껴지는 감각에 집중하는 게 이 수행의 목적인데, 들어오는 호흡이 코와 만나는 부분의 감각에 집중하는 위빠사나Vipassana 명상과 대단히 유사하다.

만일 당신이 오르가즘 명상에서 터치를 받고 있는 사람이라면 어떤 클리토리스 터치는 바로 좋거나 즐거운 데 반해, 불쾌하거나 심하면 다소 불편하고 고통스럽기까지 한 터치도 있다는 사실을 곧 알게 된다. 그래서 오르가즘 명상 수행법의 고급 단계에서는 무조건 좋기만 한 범위를 벗어난 터치에 반응하고,

흥분하고, 즐길 수 있도록 마음을 여는 연습을 한다. 이를 통해 오르가즘(쾌락) 에너지(실존적 변태 수업과 마찬가지로 오르가즘 명상에서도 오르가즘이나 흥분은 경련의 절정에 국한되지 않는, 모든 쾌락을 가리킨다)의 경험을 확장하는 법에 대해 알게 되고 결국 고양된 감각에서 더 깊이 자각하고 깨어나게 된다.

이 '모든 터치에 흥분하는' 수행은 비유적으로 오르가즘 명상(또는 섹스)의 맥락을 넘어 삶에까지 적용시킬 수 있다. 삶에서 일어나는 모든 일을 하나의 '터치'라고 생각하는 것이다. 가령,

다른 사람들이 나한테 한 말 — 이것도 터치.

놀라운 상황의 발생 — 이것도 터치.

내적 목소리의 비판적인 독백 — 이것도 터치.

매일 타인이든, 자신의 마음이든, '운명'이든 우리를 건드리는 터치는 무수히 많다. 우리에게 다가오는 모든 터치에 기꺼이 흥분할수록 우리는 삶에서 더 많은 쾌락과 즐거움을 맛볼 수 있고 긍정적인 동시성을 더욱더 잘 끌어들일 수 있게 된다.

슬프게도 우리 대부분은 스스로를 닫아버린다. 일상에서 기꺼이 흥분하는 터치의 범위가 상당히 좁다. 누군가 나에게 엄청 친절했다? 흥분. 예상치 못한 큰돈을 선물 받았다? 흥분. 햇빛이 쨍쨍하다? 흥분. 누군가 나에게 무례하게 군다? 닫음. 흐리고 춥고 비가 부슬부슬 오는 날인가? 닫음. 통장 잔고가 바닥인가? 닫음.

실존적 변태 수업이 까는 멍석 위에 초대된 여러분은 지금

까지 느끼지 않겠다고 마음을 닫아버린 삶의 '터치'에 이성을 잃은 것처럼 미친 듯이 흥분하고 즐거운 쾌락을 느끼는 연습을 하게 될 것이다.

그렇다. 실존적 변태 수업은 약간 미친 것 같고 이상한 방법이 맞다. 하지만 효과는 좋다.

4. '흥분'과 '닫음'의 정도는 우리가 삶을 얼마나 온전히 허용할 수 있는가에 달려 있다

이 공리는 세 번째 공리와 완전히 연결된 것이되 흥분은 깊은 허용의 문제라는 개념이 추가된 내용이다. 비허용은 소외감과 거리감을 유발한다. 비허용은 상호연결성과 관계성의 흐름에서 당신을 쫓아내 적의와 무기력의 암울한 고립 속으로 몰아넣는다. 하지만 당신이 그 적의에 흥분할 수 있게 되면 그 패턴은 중단된다.

완벽하게 똑같은 사건 앞에서 당신은 흥분할 수도 있고 스스로를 닫아버릴 수도 있는데, 여기에는 당신의 감정과 생각이 만드는 내면의 사건도 포함된다.

얼마나 흥분하느냐 혹은 자기 자신을 허용하느냐는 결국 본인의 삶을 거칠고 변태적인 게임으로 즐겁게 바라보느냐, 아니면 각 잡고 진지한 자세로 삶이란 에고의 입맛에 맞는 특정 패턴을 따라야 한다고 믿느냐에 달려 있다. 흥분에 몸을 더 깊이 맡길수록, 언제나 당신을 통과해 물질화되기를 바라는 궁정적이고 창조적인 조류에 저항하는 힘도 약해진다.

슬픔과 분노와 실망을 흥분하는 방식으로 경험하라는 말은 별다른 뜻이 아니다. 그저 이 감정들이 선사하는 날것의 감각을 마음을 열고 온전히 느껴보라는 의미다. 감각을 느낄 때 냉소적인 판단을 내세우거나 그 의미에 대해 스토리를 짜지 말고, 순수한 마음으로 만나보라는 뜻이다. 다른 말로 하자면, 삶이나 느낌에 접근할 때 지나치게 진지하고 도덕적인 태도보다는 미적이고 상상력 풍부하고 예술적인 태도를 갖는 게 마법의 관점에서 볼 때 훨씬 유용하다. 이 말도 맞는 것이, 위대한 마법사인 하느님도 결국 창작자 아닌가? 그리고 예술가나 작가가 창작자가 아니라면 과연 누가 창작자인가? 슬픔이라는 느낌을 예로 들어보자. 이 감정을 열린 마음으로 수용한다는 말은 이런 것이다. "아, 슬픔의 느낌은 깊고 무겁구나. 굉장히 강렬하군. 어디 보자. 느끼면서 그 속으로 들어가볼까. 감촉은 어떻고 소리는 어떻지? 약간 스펀지 같네. 자세히 주의를 기울이니 심장에서 나는 소리가 마치 느린 실로폰 멜로디가 비 오는 골목에서 들리는 것 같군." 반면 이와 반대되는 태도는 "아 싫다. 슬픔이 주는 깊고 무거운 느낌. 이건 분명 나는 실패자이고, 내 인생은 망했고, 나는 끝이라는 걸 의미하는 거야. 실패자만이 슬퍼한다는 걸 누구나 알지"이다.

전자는 즐겁고 미적인 태도다. 반면 후자는 심각하고 도덕적인 태도다.

우리 미적인 태도를 가져보자.

오스카 와일드Oscar Wilde는 《도리언 그레이의 초상》(The Picture of Dorian Gray)에 대한 비판과 관련해 잡지에 보낸 한 대응 서한에서 이렇게 썼다. "풍요롭고 활력 넘치고 완벽한 예술 작품 앞에서 예술적 본능을 가진 사람은 작품 속에서 아름다움을 볼 것이고, 미학보다 윤리를 더욱 중요하게 생각하는 사람이라면 도덕적 교훈을 볼 것입니다. 겁쟁이라면 두려움만으로 가득 찰 것이고, 부정한 자는 본인의 수치를 작품 안에서 발견할 것입니다." 떨고 있는 가련한 인간의 삶과 감정이 바로 이것이다. ― '풍요롭고 활력 넘치고 완벽한' 작품. 이것은 좋지도 나쁘지도 않으나, 그 속의 위대함과 고통스러울 정도로 아름다운 면모를 기꺼이 음미하고자 하는 자들에게는 깊은 놀라움을 안겨준다.

5. 욕망은 부정이나 억압이 아닌 실현을 통해 진화한다

우리 모두에게는 무의식적인 욕망-호기심이 있고 그들 중 상당수는 의식적인 마음의 기준에서 보면 꽤 금기시되고 '잘못된' 것이다. 여기에는 결핍과 제약에 대한 욕망, 억울함을 느끼고 싶은 욕망, 거절을 느끼고 싶은 욕망, 불만족을 느끼고 싶은 욕망, 상처받고 싶은 욕망 등이 있다.

이러한 무의식적 욕망은 삶의 상황과 사건으로 실현됨에도 불구하고 우리는 자주 핵심 단계를 놓친다. 바로 실현됨을 찬양하는 단계다. 우리는 이러한 욕망이 충족되었을 때의 충만함과 기쁨 어린 흥분을 의식적으로 경험하려 들지 않는다. 애초에 이런 욕망이 있었다는 것 자체를 습관적으로 부인하기 때문이다.

이러한 어둡고 뒤틀린 욕망-호기심이 우리의 일부이며, 우리는 이러한 욕망이 실현됨을 즐기고 있다는 사실을 부인하면 할수록 그것은 계속해서 우리의 삶을 좌지우지한다. 지금까지 부정과 기피로 일관한 욕망이 실현되었음을 의도적으로 감사해하고, 찬양하고, 받아들일 때 그러한 욕망은 해방된다. 또, 이 욕망이 진화하고 변화할 수 있는 공간과 빛이 생긴다.

예를 들어보자. 나는 "만족스럽지 않다"를 느끼고 싶은 무의식적 욕망이 삶의 다양한 드라마를 통해 실현되고 있음을 깨달았다. 이에 나는 내 드라마에서 벌어지고 있는 이 어두운 욕망의 성취를 (미친 듯이 정신을 놓고) 축복했다.

그러자 그때까지 무의식의 영역에 있던 욕망은 "충분히 만족스럽다"를 느끼고 싶은 욕망으로 변이했고, 나는 홀가분하게 앞으로 나아갔다.

6. 수치는 마법을 죽인다

나는 내가 나의 태도나 느낌, 상황, 혹은 그 무엇에건 수치심을 느낄 때마다 바로 그 부분에서 내가 마법을 억누르고 있으며, 소위 말하는 부정적 동시성 혹은 불운이라고 말하는 것의 씨를 뿌리고 있음을 상기한다.

스스로에게 뻔뻔해질 것을 허락하면 할수록 당신의 의식적 마음과 무의식적 마음 사이의 대화 채널은 넓어지고 당신은 긍정적인 결과를 더욱 효과적으로 발생시킬 수 있다. 이러한 허가를 내어줄 수 있는 자는 실질적인 행위 주체자인 당신이 유일하다.

7. 진실은 감각적이다

우리가 삶에서 마주하는 가장 중요한 진실은 대단히 감각적인 경우가 많다. 2+2=4 같은 지적이고 추상적인 진실을 얘기하는 게 아니다. 심오한 감정적, 관계적 진실을 말하는 것이다.

가령, 처음으로 사랑하는 사람에게 "사랑해"라고 말할 때 심장은 빠르게 뛰고 뺨은 붉어진다. 마음이 따뜻해지고 말랑말랑하고 흥분되고 동시에 두렵다. 왜? 우리가 큰 진실을 공유하고 있기 때문이다.

시스티나 Sistina 예배당이나 선 댄스 sun dance * 의식이 열리는 나무 같은 신성한 예술 작품 앞에 서면 온몸이 떨리고, 가슴이 열리고, 눈에 눈물이 차오르는 것을 느낀다. 자신이 외면하고 싶은 어떤 성격적인 측면을 누군가가 직면하게 만들면, 처음에는 마치 명치에 주먹을 맞은 것 같은 충격에 빠질 수도 있다.

"진실은 감각적이다"라는 공리는 실존적 변태 수행에서 대

---

* 미국과 캐나다 일부 원주민들의 의식으로, 지역사회가 함께 모여 치유를 기원하는 신성한 의식이다.

단히 중요하다. "갖고 있다는 것은 그것을 원했다는 증거다"의 가능성을 탐색하다 보면 몸이 이완된 상태가 자극에 대한 반응을 가장 솔직히 보여줄 수 있는 상태임을 알게 될 것이기 때문이다.

가령, 3과에 소개하는 실존적 변태 기본 명상을 할 때 스스로에게 "내 전남편과 벌이는 이 양육권 싸움에서 금단의 사악한 쾌락을 느껴도 좋아"라고 말한다고 해보자. 이 말을 할 때 당신은 어떤 미묘하게 찌릿한 감각이 목에서 태양신경총으로 튀는 걸 느낀다. 이 찌릿한 감각에 주의를 기울여야 한다. 이것은 당신의 말에 진실이 있다는 것을 의미한다. (심오하고 감정적이고 관계적인) 진실은 언제나 감각적이기 때문이다. 문자 그대로 말이다.

실존적 변태 명상을 하다 보면 다양한 감각을 경험하게 될 것이다. 차크라에서 차크라로 움직이는 미묘한 찌릿한 감각(앞에서 든 예와 같이), 성적 흥분, 가벼움, 웃음, 잔잔한 슬픔까지. 이 작업을 하면서 아주 다양한 느낌과 감각을 경험하는 건 흔한 일이다.

명상을 할 때 이것이 상당히 정상적인 반응임을 받아들여주길 바란다. 그리고 EK(Existential Kink) 진술(실존적 변태 기본 명상 부분에 설명돼 있다) 중 어떤 것이 가장 강렬한 감각을 불러일으키는지 주의 깊게 살펴보기를 바란다.

3 과

EK — 기본 연습

- 실존적 변태 기본 명상

책이 진행됨에 따라 나는 아래에 소개할 실존적 변태 기본 연습이 얼마나 다양하게 변주될 수 있는지 설명할 것이다.

실존적 변태 연습의 변주가 매우 다양한 까닭은 어떤 변태성이라 할지라도 거기에 접근하는 방법이나 각도는 수없이 많기 때문이며, 우리가 다루는 어떤 주제든 그것을 수용하는 데에는 대개 일련의 '단계'가 있기 때문이다.

한 가지 참고사항이 있다. 만일 당신이 우울한 상태라면 이 명상은 하지 않는 것을 권한다. 기분이 더 침잠되어 어떤 생각을 계속 곱씹을 수 있기 때문이다. 우울할 때는 '최악의 두려움 목록'이나 탐구 같은 종류의 '용해' 작업이 훨씬 유용하다. 이 주제에 대해 내가 하고 싶은 얘기는 질의응답 부분에서 확인할 수 있다.

알아둬야 할 것이 하나 더 있다. 살다 보면 의식적으로 충분히 슬퍼해야 앞으로 나아갈 수 있는 어려운 상황들이 많다. 그래서 나는 당신이 먼저 철저하게 애도하지 않은 상황에 대해서는 이 작업을 시도하지 않기를 제안한다.

애도와 쾌락적 향유의 관계에 대해서는 3부의 질의응답 부분을 확인해주기 바란다.

자, 일단은 간단하게 실존적 변태 연습의 골자를 소개한다.

1. 충분히 이완한다

이완에 도움이 될 만한 것은 무엇이든 하길 바란다. 그냥 앉거나 누워서 몇 분간 심호흡을 해도 좋고, EK(Existential Kink) 작업을 시작하기 전에 뜨거운 소금물에 기분 좋게 목욕을 하거나 좋아하는 요가 동작을 해도 좋다. 어떻게 하면 이완이 잘 되는지 여러 방법을 다양하게 실험해보기 바란다.

이완이 핵심이다. EK 작업의 일환으로 이완을 추천하는 것은 몸이 더 많이 이완될수록 몸에 흐르는 미묘한 감각을 더 쉽게 느낄 수 있기 때문이다. 이 연습은 감각이 전부라는 사실을 잊지 말기 바란다.

게다가 이완하면 기분이 좋다.

2. 나만을 위한 공간을 만들어 초와 향을 켜고 타이머를 15분에 맞춘다

공간을 만들라는 것은 경험 속으로 깊게 침잠할 수 있도록 경험을 담을 수 있는 장소와 시간을 최소한으로 경계 지으란 뜻이다.

공간이 있으면 이 이상하기 짝이 없는 명상에서 길을 잃을 걱정을 하지 않아도 된다. 이 경험만을 위해 따로 마련한 특별하고도 유한한 시간과 장소가 있기 때문이다.

나는 이 작업을 할 수 있는 장소를 따로 마련하길 바란다. 문을 닫아 방해받지 않을 수 있는 편안한 방이면 된다. 시간 역시 마련하기 바란다. 타이머를 15분으로 맞춰놓고 초를 켜고 향을 피운다. 향 연기가 잘 맞지 않는 사람이라면 대신 로즈 워터 rose water 나 아구아 플로리다(Agua de Florida)를 스프레이로 뿌려도 좋다.

초와 향은 있어도 좋고 없어도 좋다. 이 작업에 절대적으로 필요한 건 아니다. 하지만 있으면 상당히 좋다. EK를 할 때마다 방의 똑같은 곳에서 계속 초를 켜거나 똑같은 향(혹은 같은 향의 스프레이)을 피우면, 반복적으로 경험하는 감각적 요소가 일종의 정서적 신호로 자리 잡아 초를 켜고 향을 맡는 것만으로도 연습에 더 빠르게 빠져들 수 있다.

초를 켜고 향을 태우는 것은 또한 당신의 깊은 무의식에 평소의 활동과는 다른 특별한 행위, 중요한 변성 작업을 하고 있다는 사실을 전달한다. 스스로에게 이런 신호를 보내는 것은 과정에 좀더 집중하고 몰입하는 데 도움이 된다.

몇 주 또는 몇 달간 이렇게 한정된 공간에서 집중적으로 EK를 연습하다 보면 (내 강좌의 많은 수강자들이 그러했던 것처럼) 통상 불쾌하게 느껴졌던 상황이 벌어졌을 때 그 자리에서 바로 작업을 할 수 있는 수준까지 도달할 것이다.

3. 당신의 의식적 마음이나 에고가 싫어하는 상황을 떠올린다

자, 여기 꼴 보기 싫은 상황이 보인다. 나는 내 의식적인 마음이 그것을 증오한다는 것을 아주 쉽게 알 수 있다.

그것은 지겹고, 나를 구속하고, 추악하고, 형편없다. 나는 그것이 끝났으면 좋겠고 되도록 빨리 내 인생에서 사라졌으면 좋겠다. 견딜 수가 없다. 쪽팔리고, 피곤하고, 끝내고 싶다.

아주 좋다.

다시 한번 말하지만 이것은 당신이 이미 충분히 슬퍼한 상황이어야 한다. 가령 일자리를 잃고 세상이 무너진 게 얼마 전이라면 이 상황에 대해 바로 작업을 시작하는 건 권하지 않는다.

대신 충분히 시간을 들여 상실을 슬퍼하고, 잃어버린 희망과 기대를 애도하라. 해당 문제를 떠올렸을 때 잔잔한 슬픔이 모두 해소되었다는 느낌이 들 때가 바로 EK를 할 때이다. 그 이전은 안 된다.

또한 EK는 싫은 상황이 삶에서 반복적으로 끈질기게 나타나는 패턴일 때 가장 효과가 좋다. 당신이 동일한 이유로 세 직장에서 해고당했다면, 바로 그거다. 슬픔을 충분히 처리한 후 작업을 해볼 만한 주제다. 하지만 만일 실직이 드물게 일어나는 일이라면 일단 실직에 대해 슬퍼하고 EK 작업은 삶에서 더 자주 일어나는 문제에 적용해보기 바란다.

4. 해당 상황에서 느끼는 감정과 느낌이 정확히 무엇인지 파악한다

EK는 상황 자체의 표면적 사실이 아닌, 그 상황에 결부된 느낌, 감정, 감각에 대해 작업할 때 가장 효과가 좋기 때문에 이 부분은 중요하다. 사실 싫은 상황 그 자체는 우리로 하여금 불쾌한 느낌과 감각을 경험하게 하기 위한 수단, 또는 부산물에 불과하다. 내 고객인 엘시Elsie의 예를 들자면 그녀는 사교 그룹의 누군가로부터 비판이나 비난을 받았다고 느낄 때마다 엄청

EXISTENTIAL *KINK*

난 불안에 떨었다. 이 주제로 실존적 변태 연습을 한 그녀는 자신이 고통스러운 불안이라고 제일 처음 인지한 바로 그 감각이 사실은 변태적 흥분이었음을 알게 되었다.

이것은 프리츠 펄스의 유명한 말인 "두려움과 흥분은 호흡을 하느냐 하지 않느냐의 차이일 뿐 동일한 것이다"를 떠올리게 한다. 즉, 두려움과 흥분은 감각을 포용하고 승인하느냐 마느냐의 차이일 뿐이다.

EK 작업을 통해 엘시는 비난받을 때 수반되는 극적인 순간의 느낌과 강렬한 관심이 사실은 너무 좋았다는 것을 깨달았다.

실제로 그녀는 크게 흥분했다. 문자 그대로 몸이 달아올라 뺨이 붉어지고 심장박동 수가 빨라졌다 — 이것은 연인과 단둘이 있을 때 경험하는 생리학적 반응과 동일하다.

엘시가 매우 정직하게 자신과 대면하여 본인의 행동을 살펴본 결과, 그녀는 자신을 비판하고 몰아세우도록 무의식적으로 사람들을 부추기고 있었다는 것을 알게 되었다. 거기에서 얻는 그림자적 만족이 너무나 컸기 때문이다.

비판받는 데서 오는 극적인 만족을 엘시가 의식적으로 수용하며 음미하고, 그것이 주는 쾌락을 즐기게 되면서 사람들을 은근히 부추기는 그녀의 충동은 점차 사라졌다.

또한 엘시는 지금껏 자기가 어울리던 사람들을 "너무 지루하네", "너무 까다롭네" 하며 본인 스스로가 속으로 비판하고 판단해왔다는 사실을 깨달았다. 그리하여 그녀는 비난받는 것에 불안해하며 쓰던 에너지를 자신과 훨씬 더 잘 맞는 즐거운 친구들을 찾는 쪽으로 돌렸다.

여기서 알 수 있다시피 사교 그룹 내 사람들이 나를 비판하는 이러한 싫은 상황은 엘시의 무의식이 불안/흥분을 감정적으로 경험하고 싶어 만든 부수적 산물에 불과하다.

엘시가 비판받을 때의 감각에 저항하지 않고 그것을 흥분으로 경험하게 되자 뒤틀린 방식으로 쾌락을 얻고자 하는 욕구는 힘을 잃었고, 그녀는 이제 더 자연스레 끌리는 사람들을 만나보자는 결정을 명료하게 내릴 수 있었다.

그러니 여기서 가장 중요한 핵심은 싫은 상황이 불러일으킨 감각과 감정에서 가학-피학적 쾌락을 느껴보는 것이다. 싫어하는 상황의 표면적 사실을 좋아하도록 애쓰는 데 에너지를 쓰지 말라.

그러한 표면적 사실은 부수적 산물에 불과할 뿐이다. 당신은 당신이 너무나 소중히 여기는 그 끔찍한 느낌을 경험하기 위해 스스로를 싫어하는 상황으로 몰아넣었다. 당신 참 똑똑하지 않은가.

5. 싫은 상황에 결부된 느낌과 정서를 실제로는 환장하게 좋아하는 당신의 그 일부와 서서히 만나본다

실존적 변태 명상의 이번 단계는 이 싫은 상황을 즐기는 무의식적이고 변태적인 당신의 일부와 만날 수 있도록 천천히, 부

드럽게 마음의 문을 여는 과정이다. 두려움/혐오와 욕망은 언제나 짝이라는 사실을 기억하라.

무언가를 욕망한다면 언제나 그것을 어느 정도는 두려워할 수밖에 없고, 무언가를 두려워하고 싫어하는데 그것을 욕망하지 않는 일은 있을 수 없다.

당신의 쾌락은 가학적일 수도 피학적일 수도 있다. 당신이 본인 스스로에게 가하고 있는 이 두 개를 엄밀히 분리하는 건 솔직히 어렵다. 두 측면 모두를 실험해보길 권한다.

"갖고 있다는 것은 그것을 원했다는 증거다"의 공리를 기억하라. 아무리 끔찍한 상황이나 느낌일지라도 그것이 당신 삶에 존재한다면 그 상황이나 느낌은 '사실'이나 '진짜'라서가 아니라 당신의 본질인 광대하고 기이하고 변태스러운 참자아의 일부가 그것을 아름답고 매력적이고 매혹적이라고 생각하기 때문에 존재하는 것이다. 이제는 당신의 그러한 면과 금기의 쾌락을 의식적인 승인과 포용의 장으로 초대할 시간이다.

내가 누구이고 무엇을 원하는지에 대한 일반적인 판단 분별과 에고를 잠시만 가벼운 마음으로 내려놓으라. 여기서 자기 정직성을 높이고 싶다면 싫은 상황이 지금부터 딱 한 달 내에 마치 하느님이 손쓰신 것처럼 완벽하게 자취도 없이 사라질 것이라고 확고하게 믿는 게 도움이 될 수 있다.

어차피 싫은 상황은 필연적으로 완벽하게 사라질 것이므로 (그렇게 상상해본다) 당신은 편안하게 마음을 열어 자신의 은밀하고 터부시되는 일부가 지금 당장 그것을 얼마나 즐기고 소중히 여기는지를 그대로 느껴볼 수 있다.

당신의 변태적인 일부는 결핍, 거부, 자기혐오 같은 삶의 나쁜 일들에서 쾌락을 느껴왔지만 그것을 수치스러워하는 의식적인 마음 때문에 지금껏 입을 다물고 있을 수밖에 없었다. 그러니 이제는 잘 구슬려 말을 하게 만들어야 한다.

시험 삼아 다음의 EK 진술을 가벼운 마음으로 스스로에게 말해보라.

"내가 _____를 엄청나게 즐기지 않은 척 외면하는 것을 멈추겠어."

또는

"_____에서 내가 기이하고 은밀한 쾌락을 느끼고 있다는 사실을 알아보겠어."

또는

"_____에 대해 내가 느끼고 있는 위험하고 금지된 쾌락을 부정적으로 판단하거나 기피하지 않고 그대로 느껴도 좋아."

다음과 같은 EK 진술을 시험해봐도 좋다.

> "나의 _____에 대한 이 기이한 쾌락을 철저하게 느껴도 좋아. 수치스러워할 필요도, 후회할 필요도, 부정할 필요도 없어."
>
> "내가 바라는 게 설령 나쁘고, 틀리고, 파괴적인 것일지라도 있는 그대로 다 원해도 좋아."

만일 당신이 무의식에서 고동치고 있던 금기의 쾌락에 접속할 수 있다면, 굉장하다! 바로 그것이다! 당신 정말 잘하고 있다!

아니면 내숭을 떨며 짓궂게 돌려 말하는 방식으로 의식적 마음의 경계를 풀 수도 있다. 그래서 나는 가끔 EK를 할 때 성적으로 비비 꼬아 이렇게 혼잣말하는 것도 좋아한다. (마치 숨넘어가게 섹시한 돔*에게 채찍질을 하지 말아달라고 비는 것처럼.)

"아 안 돼, 안 돼요, 나쁘고 글러 먹었다고 느끼는 것만은… 그것 빼곤 다 할게요! 제발 부탁이에요. 안 돼, 나쁘고 글러 먹었다고 느끼는 걸… 견딜 수 없어요!"

좀 우스꽝스럽다는 거 안다. 하지만 효과가 있다.

실존적 변태 수업에서 말하는 '즐거움'은 주로 전기가 오르는 듯한 짜릿함이나 성기에서 느껴지는 감각으로 경험된다.

---

* 도미넌트dominant의 약어로, 정신적, 육체적 지배 성향을 가진 이를 말한다.

혹은 감정적 에너지가 움직이는 게 느껴지기도 한다. 가끔은 마음이 가벼워지는 느낌이나 웃음으로, 살짝 안도감이 드는 것으로도 경험된다. 바로 이것이 실존적 변태 과정의 '흥분'이다.

EK에서 말하는 흥분은 이전까지 무의식적이었던 쾌락의 맥을 제대로 짚어(그리고 그것을 마음 놓고 노골적으로 즐겨서) 해방감을 느끼는 것을 의미한다.

일정 시간 호기심을 갖고 재미있게 무의식적 쾌감을 찾고, 그대로 느껴도 된다고 마음을 열었는데도 그것과 연결된다는 느낌이 없을 수 있다. 그것도 괜찮다. 그냥 다음 단계로 넘어가도 좋다. 손을 대기 어려운 무의식적 즐거움을 캐내는 작업은 이후에 다시 소개할 것이다.

어떤 무의식적 쾌감은 밖으로 끄집어내어 흥분을 느낄 수 있게 되기까지 몇 주간의 시간이 필요하기도 하다는 사실을 꼭 염두에 두어야 한다. 그래도 괜찮다. 겸허한 마음으로 과정을 밟아나가면서 기이하고 어두운 쾌락을 계속해서 기꺼운 마음으로 존중하라. 그리하면 결국 모든 것이 드러나는 날이 온다.

6. 당신의 그림자(지금까지 무의식적이었던 욕망/호기심/쾌락) 편에 서서 당신의 무의식이 아주 영리하게 창조한 상황을 의도적으로, 의식적으로, 겸허하게 받아들이고 크게 감사하고 흥분을 느낀다

실존적 변태 과정에서 이 부분은 대단히 중요하다. 당신의 무의식적 자아로 하여금 본인이 창조한 상황과 감정(그것이 아무리

난장판이라 할지라도)을 온전히 수용하고 즐기고 기뻐하도록 의식적으로 노력하지 않는 한, 그 상황은 계속 똑같이 반복해서 나타날 것이다. 결핍, 사랑으로부터의 거부, 자기혐오는 계속 그 자리에 머물 것이다. 당신의 무의식적 자아는 자신이 즐기는 것을 계속 즐길 것이기 때문이다.

왜냐고? 당신의 무의식적 자아가 자신의 욕망 실현을 수치심 없이 받아들이고 경험할 수 있는 자유를 당신이 의식적으로 허락하지 않았기 때문이다. 결핍, 사랑으로부터의 거부, 자기혐오 등을 즐기는 완벽하게 합당한 욕망이 잔혹하도록 멋지고 극적으로 실현되었다는 것을 무의식이 인정하고 기뻐할 수 있게 당신이 허락하지 않았기 때문이다.

당신이 이미 (무의식적으로) 창조한 결과를 감사히 여기고, 깊이 수용하고, 환희에 떨며 즐길 수 있을 때 비로소 의식적 마음과 무의식적 마음은 성적으로(마법적으로) 합일하고, 서로에 씨를 뿌려, 마침내 긍정적 동일시라는 새로운 상승의 바람을 당신 삶에 불러올 수 있다.

의식적 마음이 무의식의 욕망에 겸허히 고개 숙이는 바로 이 순간에, 당신의 의식적 마음과 무의식적 마음이 만날 수 있다. 당신의 무의식과 만나는 그 순간에 의식적 마음의 열망과 이상이 무의식에 잉태된다. 의식적 마음은 지금까지 무의식의 영역에 묻혀 있던 쾌락과 친구가 되고 당신의 무의식적 마음은 이에 보답한다.

이것이 바로 연금술, 변성의 순간이다.

그러니 딱 15분간 겸손한 자세로 부정적인 판단을 내려놓고 "나 이거 싫어", "이런 식은 싫어", "이게 끝났으면 좋겠어", "이거 별로야"라는 식의 수치를 주는 에고의 생각들은 잊겠다고 마음먹으라. 대신 무의식의 창조를 음미하고 즐기라.

다음의 EK 진술도 해보기 바란다.

> "이 무의식의 쾌감은 내 삶의 다른 즐거움만큼이나 중요하다."
>
> "이 엉망진창 쓰레기를 즐기는 건 태양이나 장미를 즐기는 것만큼이나 가치 있고 중요하다."
>
> "나는 이 욕망을 존중한다. 이것에 감사한다. 나는 내가 원하는 만큼 얼마든지 이것을 즐겨도 된다."
>
> "나는 이 감각을 포용하고 받아들인다."
>
> "나는 내가 이것을 얼마나 깊게 사랑하는지 기꺼이 느낄 것이다."
>
> "나는 마음을 열고 이 감각과 상황에 대한 미칠 것 같은 날것의 고마움과 흥분을 있는 그대로 받아들인다."

이것이 실존적 변태의 '변태' 부분이다. BDSM 플레이를 하는 사람들은 자신이 평소에 싫어하던 것에서 흥분을 느낀다.

자발적으로 고통받고 매질을 당하고 강압적 명령에 복종한다. 그런데 우리는 일반적인 삶에서도 이와 똑같이 고통과 놀이하듯이 상호작용할 수 있다. 상상의 맥락을 "끔찍한 일이 내 의지에 반하여 벌어진다"에서 "내가 전적으로 동의한 변태적이고 재미난 일이 일어나고 있다"라고 바꾸기만 하면 된다. 당신이 싫어한다고 믿는 그것, 그 상황, 그 느낌에 당신의 에고가 흥분하면 된다. 그것이 주는 자유와 해방을 느끼라. 지금 이 순간 존재하는 그 끔찍한 일의 찌릿한 전율과 매력에 몸을 맡기라.

실존적 변태 명상의 이 과정이 깊어질수록 에고와의 동일시는 옅어지고 혼과 영이 있는 당신의 '전 존재'와의 일체감은 더욱 깊어진다. 이것이 바로 연금술적 결혼인 우니오 멘탈리스다.

동일시하는 대상이 변하면 삶을 바라보는 관점이 달라지고, 이제 당신은 자신이 가장 깊은 곳에서(무의식적으로) 즐기는 것은 언제나 단 한 번의 실패 없이 창조된다는 사실을 깨닫기 시작한다. 당신의 전 존재인 신성한 참자아는 좋은 것만이 아닌, 현현된 모든 경험을 궁금해하고 이를 갈구한다.

아픔과 결핍, 죽음과 슬픔, 고통과 상실, 폭력과 나약함 ― 이 모든 매혹적이고 가치 있는 경험을 의식적인 에고-인격은 어떻게든 나쁜 것 또는 잘못된 것이라고 판단하려 한다.

하지만 이것들은 잘못된 것도 나쁜 것도 아니며 인생이라는 전경의 일부일 뿐이다. 우리 모두의 본질인 무의식의 신성한 참자아는 모든 것을 경험하고 싶어한다. 참자아는 진심으로 모든 것을 낱낱이 경험하고 싶어한다. 그렇지 않다면 왜 우리의 본질인 참자아가 굳이 귀찮게 이원성으로 현현했겠는가?

우리가 살고 있는 이 물질세계는 양극의 세계다. 사랑과 증오, 기쁨과 슬픔, 뜨거움과 차가움, 밤과 낮, 축축함과 건조함, 탄생과 죽음, 건강과 질병. 만일 우리의 본질인 참자아가 이 아찔하게 무수한 양극의 쌍을 모두 경험하고 싶어하지 않았더라면 아마도 합일 상태의 우주적 지복 속에서 둥둥 떠다니고 있었을 것이다.

하지만 놀랍게도 우리의 참자아는 그보다는 모험심이 훨씬 많다. 당신이 참자아의 전체 모습을 더욱 깊이 깨달아 참자아가 즐겁고 무서운 것 모두를 즐겁게 경험하도록 허용할 때, 당신은 고립된 에고와의 동일시에서 벗어나 신성한 참자아 전 존재와 일체감을 느낄 수 있게 된다. 그리고 당신 삶에서 더 많은 기쁨을 누릴 수 있게 된다.

미래 지향적 EK

EK는 삶에 이미 존재하는 상황뿐 아니라 당신이 두려워하는 것 또는 하면 좋지만 왠지 불편하거나 불쾌한 것을 대상으로도 할 수 있다. 가령 직장에서 중요한 프레젠테이션을 하거나 민감한 문제에 대해 친구와 얘기하는 것을 예로 들 수 있겠다.

방법은 다음과 같다.

만일 불안이나 공포가 느껴지면 당신이 불안해하는 일이 실제로 벌어질 경우에 경험할 법한 느낌에 대해 명상을 하라. 이 것은 삶에서 이미 일어난 일이 아닌 "일어나면 어쩌나" 하고 걱정하는 것에 대해 작업하는 것이므로 "갖고 있다는 것은 그 것을 원했다는 증거다"와는 약간 거리가 있다. 가령 나는 내가 사람들의 기대를 저버리고 실망시킬까 봐 불안해하곤 했다.

그래서 나는 "내가 이미 누군가의 기대에 못 미쳐 그 사람을 크게 실망시켰다"는 상상을 한 후 그때 내가 느낄 것 같은 창 피함의 감각에서 흥분을 느껴보는 작업을 했다.

이 작업을 할 때 대개 나는 두려움과 욕망이 진실로 얼마나 밀접하게 뒤엉켜 있는지 깨닫는다.

무언가에 불안함을 느낄 때마다 나는 실제로 그 일이 일어 날 가능성을 머릿속에서 감미롭게 굴려본다. 흔들리는 이를 혀로 밀어내듯 건드리면서 찌릿하게 올라오는 비참함의 느낌 을 음미한다.

"아아아, 내가 뭔가 진짜 중요한 걸 잊어버려서 완전 폭망하 고 나 같은 최악의 말종은 욕먹어도 싸다며 모든 사람, 온라인 상의 모든 사람들이 날 증오한다면…" 이런 식의 상상 말이다. 기본적으로 나는 어떤 통렬한 실수를 저질렀을 때 그것이 안 겨줄 짜릿하고 초라한 기분에 병적으로 집착하는 사람이었다. 그래서 그 기분을 실제로 느껴볼 수 있게 되자 나는 내 불안이 나의 통제 바깥에 존재하는 흉악한 운명의 장난이 아닌, 내가 나 스스로에게 하겠다고 선택한 것임을 보다 명확하게 깨달을 수 있었다.

그리고 일단 이렇게 이해가 되면 내려놓기는 훨씬 더 쉬워진다.

이 외에도 이런 종류의 미래지향적 EK는 일단 하면 좋다는 걸 뻔히 알면서도 계속 안 하게 되는 일, 가령 집 대청소나 요리, 채소 많이 먹기 등을 생각할 때 느껴지는 불편함에 적용할 수 있다.

우리 인간은 단지 불편함을 피하겠다는 이유로 자신의 세상과 지평을 매우 좁게 만드는 경향이 있기 때문에 이 부분을 다루는 것은 매우 중요하다. 우리는 웰빙을 유지하고 목표를 달성하는 데 꼭 필요한 일들을 미룬다. 나의 예를 들어보자면 나는 복근 운동과 코어 운동을 수년간 너무나 싫어했다. 그것과 관련된 모든 게 싫었다. 바닥에서 허우적거리는 것, 근육이 타들어가는 것 같은 감각, 힘이 빠지고 서툰 느낌 모두. 그래서 나는 운동을 피했다. 하지만 약한 코어는 건강에 좋지 않아서 당연한 수순으로 난 허리 통증을 얻었다. 내가 아는 모든 운동하는 사람들이 나에게 코어 힘을 길러야 한다고 말했다.

어휴.

그래서 나는 코어 운동을 할 때 내가 느끼리라 상상한 고통과 어려움을 대상으로 EK 명상을 했고 그것이 주는 뒤틀린 쾌락을 즐겼다. 나는 혐오 속으로 직진해 들어갈 때 마법이 일어난다는 사실을 스스로에게 상기시켰다. 마음 한구석에는 여전히 코어 운동을 질색하는 내가 있다. (그리고 운동을 싫어하는 건 큰 즐거움이다!) 하지만 내 서투름과 미움을 변태적으로 음미한 덕분에 내 코어는 그 어느 때보다도 훨씬 강해졌다.

참고사항 하나. 실존적 변태 과정에서 쾌락을 느끼면 동시적으로 외부세계가 실제로 변한다. 하지만 당신이 의식적으로 유발하고 싶은 변화보다 변태적인 쾌락 그 자체를 순수하게 즐기는 게 훨씬, 훨씬 더 중요하다.

왜일까? 무언가를 없애겠다는 목적으로 흥분한다는 것은 진짜로 그 대상에 흥분한다는 뜻이 아니지 않나.

그것은 무의식이 당신을 그만 괴롭히고 좋은 것을 내어줄 수 있도록 무의식의 장단에 맞춰 오르가즘 흉내를 내는 것에 불과하다. 그것은 조종이고 강요이며 그냥 안 통하는 방법이다. 당신의 무의식은 그런 것에 속기에는 당신을 너무 잘 안다. 당신은 무의식을 속일 수 없다. 그러니 결과에 대한 애착을 내려놓으라. 진짜 원하는 좋은 것을 얻으려고 실존적 변태 명상을 한다는 마음을 내려놓으라.

모든 걸 갖고 있어도 얼마든지 비참할 수 있다는 사실을 기억하시길. 그렇기 때문에 언제나 진짜 중요한 것은 그 자체로 순수한 즐거움이다.

그리고 즐거움, 행복, 지복이야말로 당신이 진짜로 받기를 바라는 좋은 것들이지 않나.

그러니 당신의 삶과 정신이 아무리 결함투성이 쑥대밭이라 해도 지금 이 순간 그 속에서 느껴지는 즐거움과 행복과 지복을 그대로 누려보라.

그리고 사실 '결함투성이 쑥대밭'은 이원성의 특징으로, 바로 이것을 경험하기 위해 당신은 이 차원에 왔다. 그렇지 않았더라면 당신은 우주의 수프를 유영하고 있었을 것이며 굳이 번거롭게 이 한정된 물질세계로 내려오지 않았을 것이다.

그러니 음란한 괴짜인 당신, 주춤거리지 말고 결함투성이 쑥대밭을 사랑하도록.

변태 같은 쾌락 그 자체를 보상으로 삼고 '통합을 통해 인생을 고쳐보는 것'에 대해서는 미리 생각하지 말라. 의식은 당신이 모든 문제를 해결하면, 즉 건강해지고, 경제적으로 안정되고, 사랑하는 사람을 만나면 그때 지복을 누릴 수 있다고 말한다. 하지만 이것은 당신을 괴롭히는 의식의 유명하고 재미있는 고문 방식에 불과하다!

당신은 언제나 지복을 경험할 수 있다는 것이 진실이다. 당신이 시궁창에 누워 있든, 상사의 고함에 귀가 따갑든, 데이트 상대에게 무시를 받든 뭐든 말이다. 좋은 것을 얻기 전까지는 오롯이 행복이기만 한 즐거움을 누리지 않겠다는 당신의 주저함이야말로 가학-피학적인 자기부정의 핵심이다.

이제 원리가 보이기 시작하는가?

또 다른 참고사항. 실존적 변태 작업은 기분이 이미 좋은 상태일 때 하는 게 가장 좋다. 기분이 나쁠 때 실존적 변태 작업을 하고 싶은 유혹이 무척 클 수 있다. 어쨌든 그 고통에서 흥분을 느끼는 게 목적이니까 말이다.

이건 맞는 말이기도 하고 틀린 말이기도 하다.

기분이 비참할 때 이런 종류의 작업을 하면 반추나 자기비난에 빠지기가 쉽다. 하지만 이것은 이 수행을 하는 목적이 결단코 아니다. 그 어떠한 것도 누구의 '책임'이 아니다. 모든 것은 모종의 헤아릴 수 없는 이유로 그저 그렇게 존재할 뿐이다. 다만 우리에게는 선택의 여지가 있어서 그것을 신처럼 즐기거나 슬퍼할 수도 있고, 인간처럼 원망할 수도 있다.

당신이 이미 기분이 나쁘다면, 당신은 본인의 변태 게임에 너무 몰입해 그것과 동일시된 나머지 당신이 지금 게임을 하고 있는 중이라거나 게임을 할 능력이 있다는 사실을 잊어버린 상태다. 이런 상태는 대개 "나에게는 선택지가 없어", "일이 나에게 벌어지고 있어"처럼 느껴지기 쉽다. 당신은 넓은 시야를 잠시 포기한 것이다.

이때 시야를 되찾겠다고 이를 악물고 애를 써서 노력한다거나 지금의 암울한 기분이 좋다고 스스로에게 되뇌기보다는 평상시처럼 코미디를 보거나, 기분 좋게 목욕을 하거나, 좋은 친구와 대화하거나, 좋아하는 음악을 듣거나, 맛있는 음식을 먹거나, 산책을 하는 등의 방법으로 우선 기운을 낸 다음 마음의 공간이 다시 넓어졌다고 느껴졌을 때 실존적 변태 명상을 하여 그 확장된 시야와 가능성의 감각을 활용하는 편이 훨씬 현명한 자세다.

이렇게 기분이 좋고 마음이 넓어진 상태라면 싫어하는 상황을 얼마든지 자각할 수 있고, 그 상황을 창조한 당신의 일면 역시 바라보고 축복할 수 있다.

이렇듯 싫어하는 상황을 바라보며 이 상황에서 선택할 수 있는 여지가 넓다는 사실을 깨닫게 되면 당신은 그것을 자신에게 '벌어진' 일이 아닌, 당신이 주도하는 재미있는 게임으로 경험할 가능성이 점점 커진다. 그리고 어느 날 마침내 그 상황은 불현듯 사라질 것이다.

1) 실존적 변태 연습하기

앞으로 2주간 매일, 삶에서 싫어하는 상황을 하나 정해 실존적 변태 기본 연습 단계를 15분간 적용해본다.

매 세션이 끝나면 마법 다이어리에 그날 작업한 주제와 몸에서 느낀 감각을 기록해볼 것을 권한다. 해당 주제에 대해 어느 정도 흥분되었는지 또는 기분 좋은 해방감을 느꼈는지 기록한다. 떠오른 통찰이 있다면 그것도 적는다.

저항이 느껴진다면 그 저항이 하는 얘기를 살펴본다. 쾌락을 온전히 느끼도록 허용하지 않는 '타당한 이유'는 무엇일까?

저항이 하는 얘기가 과연 진실일지 살짝 의심하는 눈초리로 명상 작업을 한다.

2) 죄책감 작업

아마도 실존적 변태 수업에서 흥분을 느끼지 못하게 만드는 가장 큰 장벽은 무의식적 즐거움에 대한 큰 죄책감으로서, 이 때문에 우리는 몸을 움츠리게 되고 결과적으로 즐거움을 느끼거나 무의식을 의식화하는 걸 거부하게 된다.

특히나 죄책감같이 잘 떨어지지 않는 불쾌한 느낌의 경우 그것의 기저에 깔려 있는 순수하고 변태적인 욕망을 느끼기가 쉽지 않다. 하지만 조사해보겠다는 의지만 있다면 그 느낌을 추동하는 동기는 찾아볼 수 있다. 그리고 잘 생각해보면 무언가의 동기를 찾는 것은 그것에 대한 욕망을 찾는 것과 상당히 유사하다.

우리가 경험하는 모든 불쾌한 느낌에는 무의식적 욕망이 있다. 우리의 마음 한편에는 역겨운 느낌을 느끼면 우리의 생존 가능성을 높여줄 무언가를 얻게 될 것이라는 생각이 존재한다.

역겨운 느낌에 생존 가치가 있다고 믿는 이러한 생각은 유년 시절에는 전반적으로 사실이고, 실제로 그 생각은 현실로 증명된다. (당신이 울면 사람들이 와서 돌봐준다!) 하지만 어른이 되면 이야기는 달라져서 기분이 나빠지면 양육자가 와서 도와주는 게 아니라 당신의 힘만 빠질 뿐이다.

그러니 성인이 기분 나빠하고, 죄책감을 느끼고, 잘못되었다고 느끼는 건 육체의 생존 가능성을 높여주는 데 전혀 일조하지 않는다. 하지만 '내가 생각하는 나'의 생존은 보장한다.

다른 말로 설명하자면, 기분 나쁜 게 어떤 건지 더 이상 알지 못하는 당신은 예전의 당신이 아니다. 당신은 미지의 지평선 너머로 걸어 들어간 것이다. 이것은 당신이 기분 나빠할 것이라고 예상하고, 특정 상황에서는 기분 나쁜 게 당연히 필요하다고 생각하는 주변 사람들을 불쾌하게 만들 위험도 있다. 이 모든 것이 당신을 실제로 죽이지는 못하지만 당신이 생각하는 기존의 '나'는 죽일 것이다. 당신은 에고의 대대적인 죽음과 변성을 겪게 된다.

이런 상황에서 내가 큰 도움이 된다고 느꼈던 건 탐구 과정이다. 그러니 다음의 질문들을 천천히 스스로에게 묻고 느낌에 따라 답을 찾아보라. ─ 실존적 변태 수업의 준비운동으로 내가 자주 사용하는 세도나 메서드Sedona Method, 바이런 케이티의 작업(The Work), 그리고 옵션 메서드Option Method에 바탕을 둔 질문들이다.

- 이 죄책감은 상황을 통제하고 싶다는 마음에서 나온 것인가?
- 죄책감을 느끼는 건 어떤 식으로든 상황을 바꾸겠다는 생각의 발로인가, 아니면 적어도 다른 사람들의 승인을 얻겠다는 것인가?
- 나는 통제감을 가지려 이 죄책감을 이용하려는 시도를 그만둘 의사가 있는가?
- 나는 이 죄책감을 이용하여 사람들이 날 받아들이게끔 조종하려는 마음을 내려놓을 의사가 있는가?
- 승인을 얻거나 통제하는 데 죄책감을 이용하는 능력이 나에게서 사라져도 괜찮은가?
- 죄책감을 전혀 이용하지 않고 사는 삶이란 과연 어떨까?

이런 식의 질문(무언가를 얻기 위해 죄책감을 이용한다는 질문)이 이상해 보일 수 있지만 기실 훨씬 정직하다고 할 수 있으며, 해당 문제의 기저에 깔린 당신의 의지를 의식화하는 데 도움이 된다.

3) 전능한 존재가 벌이는 게임

다이어리에 다음 질문의 답을 적어보길 바란다.

드라마, 연극, 픽션fiction을 쓰는 것이야말로 인간 삶의 가장 큰 기쁨 중 하나임을 상기하라. 째째한 뒷담화부터 가장 유려한 비극에 이르기까지 모든 드라마는 긴장과 갈등, 불확실성의 재미를 느끼고 싶다는 정교한 충동에서 비롯되었다. 전능한 존재가 당신이 되기로, 당신 삶을 살기로, 지금의 현실을 있는 그대로 살기로 자유의지를 갖고 결정했다고 상상해보라.

이 전능한 존재의 시각에서 당신 삶에 펼쳐지고 있는 드라마, 게임, 픽션이 무엇인지 설명해보라.

게임의 동기는 무엇인가? 그 게임에서 얻는 게 무엇인가?

드라마의 악역, 게임의 상대는 누구인가?

다음은 질문에 대한 답의 예시다.

전능한 존재로서 나는 나의 궁극적 가치와 힘이 '다른 사람들이 생각하는 나'에 달려 있는 게임을 하는 게 현재 정말 즐겁다…. 그래서 나는 내가 가치 있음을 증명하고 게임에서 승리하기 위해 특정 자격조건을 갖춰야 한다. 이 게임에서 내가 대적해야 하는 상대는 다른 사람들과 그들의 판단이다.

나는 그들이 절대 나를 부정적으로 판단하지 못하도록 완벽해지려고 한다.

이 게임을 할 때면 나는 스스로를 불안으로 몰아가며 온갖 일들에 손을 댄다. 자격조건에 못 미칠 때마다 나는 두렵고 죄책감에 시달린다.

게임을 하면 할수록 내가 느끼는 소외감과 분리감은 더욱 깊어진다.

너무 재밌다.

또는

전능한 존재로서 나는 파트너에게 크게 상처받은 척하는 데서 기쁨을 느낀다. 이렇게 하면 그녀는 악한 가해자가 되고 나는 '학대받은 무력한 피해자로서의 나'를 경험할 수 있기 때문이다.

게다가 이렇게 무력한 사람인 척하면 나에게 상처 준 나쁜 사람보다 내가 더 우월하다고 느끼는 게 정당해진다.

더 나아가 나는 나쁜 사람인 내 파트너가 나를 더 심하게 상처 주지 못하도록 죄책감을 유발해 내가 바라는 걸 시키게 된다.

그리고 이제 나는 무력하고 피해자가 된 나를 싫어하게 된다.

'무력한 피해자인 나'는 내가 가치 있고 강한 사람이라는 사실을 증명하는 자격조건을 갖추지 못했음을 의미하기 때문이다.

지금 내가 느끼는 건 완벽한 단절이다.

달콤하고 매혹적이다.

또는

전능한 존재로서 나는 과거의 행위와 결정으로 인해 현재 꼼짝할 수 없는 척하며 늘어져 있는 것을 좋아한다.

내가 벌이는 게임의 상대는 눈에 보이지 않는 '과거의 나'이며 나는 그녀의 모든 잘못된 선택을 탓하며 그녀를 열렬히 증오하고 있다.

이렇게 하면 악역을 맡길 사람이 주위에 아무도 없더라도 보이지 않는 과거의 나를 악역의 자리에 앉혀 무력하고 하자 있는 사람으로서 드라마를 계속 이어갈 수 있다.

이런 식으로 나약하고 하자 있고 외롭다는 느낌을 스스로 자

아낼 수 있는 게 얼마나 큰 위안인지.

이러한 예시를 기반으로 당신의 이야기를 써보라!

막간

변성 경험의 이야기들

맨 처음 캐럴린이 EK에 대해 설명하는 것을 들었을 때부터 왠지 모르게 깊이 공명되는 부분이 있었다. EK의 개념이 나에게 완전히 낯설지는 않았다. 성인이 된 후 내내 나는 쾌락과 고통의 주관성이라는 주제에 매혹되어 있었다.

하지만 무의식의 금기를 통합하여 깨달음으로 가는 여정은 완전히 다른 얘기였다.

마법의 여정에 들어선 많은 사람들과 마찬가지로 나 역시 폭력과 학대로 얼룩진 유년 시절을 보냈다.

지금까지 가족의 패턴을 중단시키는 나의 주된 방식은 연락을 끊는 것이었다. 문제는 내가 여전히 화나고 억울한 상태였으며, 왠지 내 가족과의 관계와 분명 연관이 있어 보이는 기이한 빈곤의 굴레에서 벗어나지 못하고 있었다는 점이다. 동시성의 놀라운 펼쳐짐 덕에 내가 EK를 처음 시작하던 바로 그때, 나는 내 조부모님을 돌보기 위해 가족에게 돌아갔다. 나를 학대했던 할아버지는 그곳에서 그 싫은 느낌을 매일 무차별적으로 맛보게 해주었다.

처음에는 과거에 할아버지로부터 받은 모든 모멸의 순간을 떠올렸고, 그것은 다른 사람들로부터 받은 모든 모멸의 순간으로 확장되었다. 나는 그러한 기억들에 수반된 감각들이 수면 위로 떠오르게 했다. 분노, 창피함, 무력, 나약함, 초라한 기분.

나는 내 몸에서 느껴지는 감각에 아주 부드럽게 주의를 기울었다. 그리고 아주 부드럽게 "갖고 있다는 것은 그것을 원했다는 증거다"를 되뇌었다. 그러자 지금까지와는 다른 새로운 무언가가 아주 수줍게 나타났다. 그것은 그러한 기억의 배경에 자리하고 있던 기쁨과 힘이었다. 나의 어떤 면이 그것을 영리하게 창조했으며 그 모든 경험 하나하나를 은밀하게 갈구했다는 느낌이 명료하게 들었다. 나는 이 사실에 다소 놀랐지만 동시에 이 느낌이 정말 진실하게 느껴졌다. 그러자 그 뒤에서 다른 무언가가 떠올랐다. 낭패감이었다. 내가 원하는 걸 손에 쥐고 있지만 그걸 제대로 즐길 수 없다는 데서 오는 낭패감. 마치 몇 주 만에 남편과 둘만의 오붓한 시간을 보내게 되었고 불이 붙어 마침내 오르가즘의 고지가 저기에 있는데 애가 울 때. 이런 종류의 울적한 낭패감. 나는 나의 이 수줍고 깊이 숨은 일부가 매우 낭패스러워하는 걸 느낄 수 있었다. 나는 사과했다. 부인하고, 도망가고, 부끄러워하고, 무시하고, 비난했던 것을 사과했다. 나는 언제나 감지하고 있었으나 피해 다니기 바빴던 그 힘을 처음으로 받아들였다. 그것은 매혹적인 동시에 두려움을 느끼게 했다. 힘이 너무나 막강했기 때문이다. 그러자 어떤 깨달음이 머리를 후려쳤다. 오랜 시간 쇼를 이끌어왔던 것이 나의 이 '타자'적 면이었음을 알게 된 것이다. 나의 이 부분은 자신이 깊이 욕망하는 것을 언제나 얻었다. 이분법적 언어로 비이분법적 경험을 설명하기란 너무 어렵다. 나는 내가 두려웠다. 침대에 누워 내가 가진 힘에 겁을 먹고 떨었다 — 나의 어둡고, 교묘하고, 사악하고 파괴적인 힘. 나는 두려움과 흥분에 대한 신체의 생리적 반응이 동일하다고 들었다. 나는 내 본연의 광막한 어둠에 소름이 끼칠 정도로 흥분했다.

다음 날 새롭게 깨닫게 된 이 자유와 힘으로 정신 무장을 한 상태로 조부모님 댁 현관에 차를 대고 앉아 있는데 할아버지가 창문에 노크를 했다. 나는 무슨 일이 있었나 걱정하며 차 밖으로 나왔는데, 실제로 벌어진 일은 그야말로 기적이었다.

내가 아는 한 "미안하다"라는 말은 한 번도 내뱉어본 적 없는, 폭력적이고 잔인한 할아버지가 나에게 사과를 했다. 나는 거의 휘청했다. 그리고 나를 때리는 것 말고는 손길 한 번 준 적 없던 그 사람이 나에게 팔을 뻗어 내 머리카락을 어깨 너머로 넘겨주었다. 나는 어리둥절할 따름이었다.

그날 저녁 집에 돌아왔을 때 가족사진을 보고 싶다는 갑작스런 충동이 들었다. 그 사진 상자는 내내 갖고는 있었으나 사진을 볼 때 느껴지는 고통 때문에 수년간 피하던 것이었다. 나는 사진 속 가족 한 명 한 명을 마음으로 느끼며 스스로에게 말했다. "나는 선택할 수 있어. 나는 고통을 선택할 수도 있고 쾌락을 선택할 수도 있어." 그런 뒤 가족들을 지긋이 쳐다보며 "당신은 나의 일부입니다. 나는 당신을 있는 그대로 받아들입니다. 감사합니다"라고 말했다. 그러자 그 확연한 힘과 뒤틀린 쾌감이 전날처럼 수줍게 떠올랐다. 나는 그 기쁨을 허락했고 얼마 지나지 않아 웃음이 터져 나왔다. 나는 오래도록 크게 웃었다.

　다음 날 아침 나는 침대에 누워 생각했다. "나는 상호의존적 관계를 즐기지 않는 척하는 태도를 이제 그만두겠어. 상호의존적 관계를 즐겨도 된다고 스스로에게 허락하겠어." 나는 계속해서 허용하고 허락했다. 그 상태에 오래 머물수록 내 몸에서 느껴지는 쾌감은 더욱 짙어져 나는 자위하기 시작했고 절정에 올랐을 때 이렇게 외쳤다. "나는 이 모든 것을 즐겨도 돼! 나는 내가 원하는 쾌락을 모두 즐길 수 있어! 그게 어떤 형태이든!" 그러자 크나큰 안도의 울음이 터져 나왔다. 나의 바로 그 '타자'적인 면은 자기를 드러냈고 인정받고 존중받았으며, 그곳에 머무르던 수치심은 녹아 사라졌다.

　그 이후 나는 강렬한 '싫은' 느낌이 올라올 때마다 자연스레 EK를 적용하기 시작했다. 때로는 흥분하여 일종의 에너지 발산을 경험하기도 했다. 그것은 웃음일 때도, 울음일 때도, 떨림일 때도 있었으나 전반적으로는 가벼워지는 느낌이었다. 오랜 시간 나는 가족들의 희생양이 된 것 같은 느낌에 시달렸고, 여전히 그들을 바꾸려고 열심히 노력했다. 또한 나의 재정적 상황이 바뀌기 시작했는데 그 변화가 아주 미묘하여 내가 알아차리기까지는 시간이 조금 걸렸다. 새 고객 두 명이 어디선가 툭 튀어나와 준 덕에 나는 얼마간 돈을 모을 수 있었다. 고객 유치와 저축은 내가 몇 달간 노력했던 것이었다.

　그러던 어느 날 나는 공포에 사로잡혔다. "나 지금 잘못하고 있는 것 같아. 지금까지 다 잘못했던 것 같아! 너무 쉬웠어! 뭔가 빠트린 게 틀림없어! 변화가 너무 빨라! 그러니 내가 분명 뭔가 잘못한 거야!" 그리고 나는 보았다. 초라함, 박탈, 무력함, 무기력, 창피함, 외로움, 드라마, 고통, 중독, 파괴, 고통의 경험을 창조한 나의 깊고도 장대한 욕망을. 내가 사교 모임의 파트너 대행 아르바이트를 하며 돈을 벌던 시절이 생생히 떠올랐다. 용감한 고객이 자신의 가장 어두운 욕망과 가장 수치스러운 요청을 나에게 보여주며 공유하던 그 신성한 순간들. 가장 내밀한 것을 보여주는 그들의 용기에 내가 얼마나 큰 경외를 느꼈는지가 기억났다. 나는 그들의 수치를 해소하기 위해 내가 끌어올렸던 '만사 수용의 에너지'를 기억해냈고, 살면서 처음으로 그 치유의 에너지를 나에게 주었다. 나는 나의 어둡고 파괴적이고 뒤틀리고 두려운 힘을 완전히 마주 보고 경외감과 감사함에 휩싸여 깊숙이 인사했다.

그 이후 나의 만트라는 "갈구하고 싶은 게 무엇이든 너는 얼마든지 갈구해도 좋다"가 되었다.

나는 이 깊은 감사와 수용 연습을 지금도 계속하고 있다. 나는 언제나 호기심과 존경, 감사 어린 태도로 나의 이 타자적인 면에 말을 건다. 가족과의 관계는 내 재정적 상황과 마찬가지로 계속해서 치유되고 진화하는 중이다. 모든 게 갑자기 장밋빛이 되었다고 얘기하는 게 아니다. 삶은 여전히 삶이다. 변한 건 삶에 영향을 끼칠 수 있는 힘이 나에게 있다고 믿게 된 것뿐이다. 나는 내가 고통에서 진정으로 해방되었다고 느낀다.

일에서의 돌파구 — 달리아 Dahlia

일은 나에게 위태롭게 줄을 타는 듯한 느낌을 안겨주던 대상이었다. 나는 언제나 야심만만하고 성공하길 원했으나 어느 수준에 도달한 뒤로는 내면의 비평가, 불안, 자의식의 수렁에 빠져 더 이상 발전하지 못하고 있었다.

그래서 나는 내 직업적 삶에 대해 EK를 해보기로 했다. 일에 대한 모든 것, 일로 인한 모든 좌절과 실망에 대해. 마지막 직장의 상사는 능력 있고 대단히 부유하고 정말 카리스마 넘치는 자수성가 남성이었다. 나는 내가 그를 실망시켰다고 생각했는데, 그것이 너무 고통스러운 나머지 차마 건드리지를 못하고 있었다. 나는 내가 그에게 보상해야 한다고 생각했다.

나는 그 고통에 대해 명상했다. 나의 무능함에 대한 느낌에 초점을 맞추어 그것들이 어디에서 느껴지는지 바라보았다. 뱃속에서 구역질이 올라왔다. 나는 죄책감과 자책이 몸을 휩쓸고 지나가도록 내버려두었다. 나는 직장에서의 미성숙한 대처에 대해 생각했다. 모든 답을 다 알아야 한다고 생각하는 바람에 도움을 청하지 않아 일을 계속해나갈 수 없었던 것. 뛰어나다고 생각한 상사의 능력에 짓눌려 시도도 해보지 않고 내 능력을 눌러버려 수동적이고 방관자적인 태도로 일관한 것. 너무나 수치스러웠다. 나는 무능한 느낌에 빠져 허우적거렸는

데, 곧 이것이 책임지지 않으려는 욕망을 가리는 일종의 마스크였음을 깨닫게 되었다. 책임지지 않으면 실패할 일도 없다. 이 얼마나 대단한 피드백의 고리인가!

그런 다음 나는 독한 후회의 자리를 사랑과 승인과 환희로 채웠다. 나는 내 소심함과 수동성, 그리고 벽장에 처박아 은폐하고 싶었던 내 모든 자질들에 대해 충만한 사랑을 느꼈다. 나는 수치스러워할수록 그것들이 더 옆으로 비쭉 튀어나온다는 사실을 깨달았다. 나는 그 자질들에게 이름을 붙여주고 빛의 세계로 데려왔다.

모든 것이 명료해진 순간, 나는 그때까지 보지 못했던 깨어 있는 꿈의 은유를 하나 알아차렸다. 내 이전 상사는 어쩌면 내가 나라고 생각한 모든 것의 양극성을 구현하기 위해 내가 만들어낸 하나의 캐릭터에 불과하다는 사실을 말이다.

얼마 지나지 않아 나는 텔레비전 제작 회사의 중역에게서 이런 전화를 한 통 받았다. "우리 회사 영화의 제작자로 일해주실 수 있습니까?" 내 입은 "시간이 나는지 한번 확인해보죠"라고 말하고 있었지만 이미 손으로는 가방을 싸고 있었다. 그들은 한 달 후에 크리스마스 로맨스 영화를 찍을 예정인데 창의적인 프로듀서가 필요하다고 했다. 우리는 크리스마스 영화 제작 경험이 있는 내 이력에 대해 대화를 나누었고 그녀는 내게 대본을 보내주겠다고 약속했다. 30분 후 제작부서 대표로부터 정식 제안을 받았고 오후가 되자 프로덕션 회사가 보낸

이메일이 쏟아졌다.

나는 현실을 믿을 수 없어 볼을 꼬집었다. 직업적으로 내가 가장 행복했던 때는 사무실이 아닌 세트장에 있을 때였다. 모두가 단 하나의 목표를 향해 움직이는 세트장의 환경은 사람들을 더욱 생산적인 방식으로 자극하는 한편, 사람들의 말을 들어주고, 응원하고, 같이 힘을 내는 내 강점 역시 훨씬 더 잘 발휘되는 장이었다. 이것은 내 꿈의 일이었다!

대본을 받은 나는 바로 앉아서 읽기 시작했다. 영화는 자매가 죽은 후 고향으로 돌아온 한 여성이 과거의 상처와 마주해 자신을 용서하고 자유로운 마음으로 사랑에 빠지는 내용이었다. 하하! 내 얘기를 하는 줄 알았다.

나는 성공이란 얼마나 많은 지식과 경험을 쌓았는지에 달려 있다고 생각했었다. 하지만 이제는 그 모든 것이 물질세계의 완벽한 허상이 아닌가 의심된다. 실상을 아는 자는 없다. 우리는 그저 길을 걷는 순교자일 뿐이다.

자동차 승리 – 루이자Louisa

나는 낡아빠진 고물차를 타고 마을을 돌아다니곤 했다. 이 고물차가 부지불식간에 내 마법을 죽이는지도 모르고.

이 낡은 2003년식 혼다 CR-V는 11년간 여러 가족의 손을 거쳐 마지막으로 내가 물려받은 차였다. 맨 처음 반짝반짝 새 차였을 때는 이모가 우리를 태우고 주말마다 영화를 보러 가곤 했다. 우리 엄마는 이 차를 타고 폭력적인 남자친구를 용감하게 벗어났다. 그리고 내 첫 차가 되었을 즈음에 혼다는 이미 세상 풍파를 다 거친 상태였다. 에어컨은 고장났고, 운전석 창은 내려가지 않았고, 뒤 트렁크 문은 닫으면 그대로 잠겼다. 이사를 반복한 몇 년 사이 프레임에는 여러 자국이 깊게 팼고 엄마가 뒷좌석에 보관하던 기증품 상자에는 곰팡이가 피기 시작했다. 후미등 역시 나갔다. 난 이 차가 싫었다. 차는 곰팡이와 고양이와 가난의 냄새를 풍겼다.

나는 아침 알람이 울리기도 전에 깨춤을 추며 침대에서 일어날 정도로 만족스럽고 돈도 많이 버는 일을 하고 있었다. 매일 30달러 치의 최신 메이크업 제품을 얼굴에 바르고, 높은 하이힐을 신고, 내 시그니처인 베르사체 선글라스를 낀 나는 수치스러운 발걸음으로 고물차에 올랐다.

나는 끽끽 소리 나는 브레이크를 밟으며 거북이 같은 속도로 직장까지 가서 메르세데스와 재규어 사이에 차를 주차하곤 했다. 두 차의 주인 모두 내 코치 덕에 그만큼의 부를 이룬 사람들이었다. 나는 누구의 눈에도 띄지 않길 바랐지만 모든 사람들의 눈에 띄었다는 걸 알고 있었다. 제기랄! 나 마법을 믿는 마녀 맞아? 이제는 그걸 알아볼 때였다.

남편은 앞으로 12개월간은 새 차를 살 형편이 되지 않는다고 누차 말했지만 나는 내가 계속 이 차를 모는 건 순전히 내 문제라는 사실을 알고 있었다. 설령 당장 자동차 매장에 갈 돈이 있다 해도 분명 나는 똑같은 패턴을 반복해 새 차도 쓰레기로 만들어버릴 게 뻔했다. 이 악마를 없애버릴 시간이었다.

그날 상사와의 일대일 면담 시간에 상사가 내게 구체적인 개인 목표 하나를 세우고 거기에 몰입할 것을 주문했다. 나는 짓궂은 미소를 지으며 (몇 달 남지 않은) 내 생일까지 차를 새로 바꿀 것이라고 말했다. 진짜 그렇게 되리라는 앎 속에서 어떤 차분한 힘이 솟구치는 게 느껴졌다.

그날 밤 나는 "갖고 있다는 것은 그것을 원했다는 증거다"에 대해 이리저리 생각하면서 이 말이 내 차와의 관계를 얼마나 잘 반영하고 있는지를 살펴보았다. 나는 일기장에 이 차를 운전할 때의 느낌이 어떤지 적었다. "나는 더럽고, 덫에 걸린 것 같고, 비효율적이고, 가난하고, 창피하다고 느낀다." 이 차가 나에게 그런 짓을 한 건가? 아니, 내가 나에게 한 거다!

한때 나도 이 차가 너무나 갖고 싶었던 적이 있다. 나는 이 차로 운전을 배웠고 자유를 얻었다! 하지만 그다음에는 차를 무시하고, 더럽히고, 방치했다. 낡도록 내버려두었다. 작은 것 하나 고집스럽게 고치지 않았다. 차를 그 지경으로 만든 건 나였다. 나도 그 이유를 완전히는 알지 못한다. 어쩌면 운전 그 자체에 대한 거부였을 수도 있다. 유년 시절과 그때 느꼈던 특권의식에 대한 부정일 수도 있다. 혹은 가난했던 가족, 그 편안했던 시절과 나를 계속 이어주는 역할을 이 차가 했던 것일 수도 있다.

내가 머릿속에 빠져 있다는 것을 깨달은 다음에는 서서히 내 몸으로 주의를 돌렸다. 나는 차에 앉아 있는 내 모습을 심상화하며 그곳의 케케묵은 냄새를 들이마셨다. 입으로 맛보았다. "음…" 마음속에서 나는 차의 모든 부분을 어루만졌다. 먼지 풀풀 나는 카펫, 시트에 가득 붙어 있는 고양이 털, 겉면이 너덜너덜해진 운전대. 나는 수치와 혐오의 감각이 내면에 차곡차곡 싸여 내 몸 전체를 오르가즘처럼 휩쓸고 지나가도록 허용했다. 차 뒤쪽으로 두둥실 흘러간 나는 곰팡이가 슨 상자 주변에서 가르릉거리며 헤엄쳤다. 에어컨 입구에 사는 개미들이 내 온몸을 기어올랐다. 나는 지저분하고 가난하고 무책임한 느낌을 그대로 느꼈다.

'수치는 마법을 죽인다'. 나는 실제로 악취 나는 수치심을 타고 돌아다니고 있었다. 내가 스스로를 얼마나 사기꾼이라고 생각했는지를 깨달을 때마다 목 뒤편의 솜털이 쭈뼛 섰다. 완벽에 가까운 옷차림으로 이 똥차에서 내려 귀가 얇은 영업 사원들에게 반짝이는 라이프 스타일을 파는 나. 나는 이런 내 모습이 들켜 까발려지는 것을 진심으로 느끼고자 했다.

다음 날 아침 나는 가벼운 마음으로 일어나 거의 통통 뛰다시피 신나는 마음으로 차를 향해 걸어갔다. 차에 탄 나는 이번에는 정말로 몇 분간 앉아서 그 전날 느꼈던 그 모든 느낌들을 이끌어냈다. 하지만 나는 이미 평화로웠기 때문에 느낌을 되살리는 게 쉽지는 않았다. 나는 차가 내게 준 많은 교훈들에 감사하면서 신나게 노래 부르며 출근했다.

얼마 뒤 나는 차를 전문 업체에 맡겨 청소했다. 내가 갖고 있는 것을 최대한 활용하고 차를 가장 좋은 상태로 사랑해주는 게 목표였다. 안에 있는 짐을 최대한 다 버린 후 나머지는 전문가에게 맡겼다. 효과가 있는 것이 분명했던 게, 이틀도 채 되지 않아 오전 출근길에 에어컨이 자동으로 켜졌다. 앞차를 박을 뻔했다! 거의 2년간 작동이 안 되던 것이었는데! 에어컨은 약 일주일간 멋지게 작동한 뒤 다시 죽었고, 나는 그것을 내가 옳은 길을 가고 있음을 알려주는 큰 표식으로 받아들였다.

내 맥락이 바뀌고 있음을 알아차리게 된 나는 이제 내가 진짜로 원하는 차를 심상화할 때임을 깨달았다. 나는 일기장에 이렇게 썼다. "내 차는 2017 블랙 테슬라 모델 S다. 깨끗하고 반짝이는 차체에 창문은 어두운색이고 내부는 새것 같다. 차 안에서 희미한 라벤더 향과 가죽 냄새가 난다. 그 차를 운전할 때면 평화롭고, 힘이 솟고, 섹시하고, 안전함이 느껴진다. 나는 이 차를 올해 2월 23일까지 받는다."

현실적으로 몇 달 내에 테슬라를 구하는 게 어렵다는 것을 알고 있던 내 의식적 마음은 혼다 시빅이나 닛산 쥬크 같은 보다 현실적인 대안을 내밀며 나를 방해했다. 마감일이 다가오면서 나는 "현실적으로 구는 게 더 현명하겠지" 하며 한발 물러섰다. 지금 차를 내 생각보다 훨씬 오래 몰게 된다 해도 괜찮다고 마음을 먹었던 바로 그때, 남편이 인터넷에서 BMW 3

시리즈를 구경해보는 건 어떻겠냐고 말했다. "BMW 같은 소리 하시네." 나는 콧방귀를 꼈다. 하지만 남편은 "그냥 구경만 해"라고 하며 계속 고집을 부렸다.

그런데 아, 이것 좀 봐라. 중고차 웹사이트 첫 페이지에 마음에 쏙 드는 차가 떡하니 보이는 게 아닌가. 가격도 내가 생각한 예산에 완벽하게 맞았고 주행거리도 100마일(160킬로미터) 미만이었다. 모든 과정이 물 흐르듯 흘러가 나는 단 며칠 만에 자동차 키를 손에 쥐었다. 차를 인수해 집에 가는데 심장이 두근거렸다. 남편이 고개를 돌려 내게 물었다. "그래서 이 차 이름은 뭐야?" 나는 두 번 생각 않고 외쳤다. "블랙 매직 우먼!" 우리는 집으로 가는 길 내내 카를로스 산타나Carlos Santana의 〈블랙 매직 우먼black magic woman〉을 큰 소리로 불렀다.

블랙 매직 우먼을 본 지 정확히 6개월이 되었다. 비록 내 차가 테슬라는 아니지만 나는 자랑스럽게 얘기할 수 있다. "내 사랑스러운 검은색 차는 깨끗하고 반짝이는 차체에 창문은 어두운색이고 내부는 새것 같다. 차 안에서 희미한 라벤더 향과 가죽 냄새가 난다. 이 차를 운전할 때면 평화롭고, 힘이 솟고, 섹시하고, 안전함이 느껴진다."

이런 걸 마법이라고 하지 않는다면 무엇이 마법인지 난 모르겠다.

2부
변태력 발휘

"깨달음은
빛의 형상을 상상한다고
얻어지는 것이 아니라,
어둠을 의식화했을 때
이루어지는 것이다."

— 칼 융Carl Jung

투사

1부에서 우리는 기본 개념인 그림자와 무의식에 대해 알아보았다. 하지만 본격적으로 변태력을 발휘하기 전에 앞의 두 개와 더불어 꼭 알아야 할 중요한 개념이 하나 더 있다. 바로 투사(projection)다.

당신의 마음을 홀로그램 영사기라고 상상해보라.

돌아가는 필름은 총천연색이고 거기에는 당신의 모든 조건, 모든 정체성, 모든 습관적 패턴, 당신이 이해하고 싶어하는 모든 진실이 새겨져 있다.

영사기가 방출하고 있는 빛은 의식 그 자체의 빛이다.

의식의 큰 빛이 당신의 조건, 믿음, 습관, 정체성이 새겨진 필름을 통과한다. 그리고 이 필름을 통과한 자각의 빛은 필름에 새겨진 그 모든 것이 고스란히 포함된 홀로그램 영화를 당신 주변에 투사한다.

이 부분을 잘 생각해보면, 필름에 찍힌 모든 게 사실상 일종의 그림자다. 빛을 막거나 왜곡해 특정한 모양으로 만들기 위해 존재하는 것이다. 그래야 투사할 거리가 생긴다. 그래야 우리가 세상을 '본다'.

다시 한번 말하지만 이것은 그림자의 중요성을 보여주는 증거다. 사실 그림자는 멋있는 것이다. 필름에 인쇄된 그림자가 없다면 형태와 모양이 없는 순수한 빛만이 빛나게 될 것이기 때문이다.

반짝이는 순수한 빛도 물론 좋다. 하지만 이런 빛만으로는 분명 눈을 사로잡는 영화적 경험은 하지 못한다. 지구상에 존재하는 거의 모든 영성 수련의 골자는 결국 이런 홀로그램 투사가 일어난다는 자각을 일깨우기 위한 것이라고 말할 수도 있겠다.

그 사실을 일단 깨닫고 나면 우리 개인 각자를 통과하는 의식의 빛이 모든 투사의 뒤에서 빛나는 의식과 동일하다는 사실을 상당히 쉽게 자각할 수 있다.

이것은 대단한 출발점이다. 중요한 깨달음이다.

이해하고 받아들이기가 훨씬 까다로운 것은 애초에 필름에 조건을 새겨 넣은 예술가 역시 우리 자신이라는 사실이다. 실제로 내가 인식하는 나의 모습과 우리가 주변 세상을 경험하는 방식 모두 그 의식적인 예술적 기교의 결과다.

필름에 그림자를 그려 넣은 예술가가 우리라는 사실을 이해하고 받아들이는 것은 영적인 깨달음보다 조금 더 흥미진진하다. 우리가 세상을 창조할 정도로 강력한 힘을 가진 예술가임을 받아들이고 그 힘을 의식적으로 활용하는 법을 배우는 것이… 바로… 기대하시라… 마법이다.

하지만 저 밖에 존재하는 세계가 이 내면의 투사라는 사실을, 즉 우리가 스스로 창조한 것임을 깨닫지 못한다면?

부정적인 투사는 인간 정신의 주요 기제 중 하나인데 그렇게 정교하고 교묘할 수가 없다. 우리가 대면하는 모든 문제가 저 밖에 있다는 확신을 창조하기 때문이다.

앞서 말했듯이 우리의 문제는 언제나 저 밖에 있는 것처럼 보인다. 파트너, 육체, 상사, 파트너의 부재, 과거의 결정 등등 모든 문제는 왠지 지금 이 순간 내 주체성이 발휘되지 못하는 '외부'에 있는 게 너무 확실해 보인다. 그래서 우리는 결국 무력감에 시달리고 만다. 심술궂은 저 외부의 문제에 허구한 날 시달려야 하는 것처럼 보인다.

이 허상은 전혀 문제없이 여러 생에 걸쳐 유지될 수 있다. 우리가 외부의 힘에 의해 모욕당하고 비난받는다는 확신이 과연 사실인지 강하게 의심할 의향이 생기기 전까지는 말이다. "당신의 현실은 당신이 창조한다!"나 "비슷한 것들끼리 서로 끌어당긴다!"는 뉴에이지식 슬로건이 특정 상황으로 인해 좌절하고 고통받는 사람들에게 아주 만족스럽거나 도움이 되지 못하는 이유가 여기에 있다.

이러한 슬로건은 인간 혼의 두 부분, 즉 '분리되고 싶어하는'(그리하여 위협받고, 소외되고, 결핍되고 싶어하는) 깊은 무의식과 '합

일을 경험하고 싶어하는'(그리하여 풍요롭고 조화롭고 아름답기를 원하는) 부분 간의 오랜 긴장을 다루지 못한다.

에로스와 프시케

그리스인들에게는 인간 혼의 이 고통스러운 긴장을 해소하는 뛰어난 연금술적 작업에 관한 위대한 이야기가 있었다. 바로 에로스Eros와 프시케Psyche 이야기다.

에로스와 프시케 신화에서 인간인 프시케는 자신의 연인이자 신인 에로스와 헤어져 무서운 시험을 통과해야 했는데 그중 하나가 지하세계로 가는 것이었다. 결국 그녀는 에로스와 다시 만나 아이를 낳게 된다. 그 아이의 이름이 '기쁜 쾌락'을 의미하는 볼룹타스Voluptas다.

우리는 모두 프시케로서 지하세계로 그 무서운 여정을 떠나야 한다. 그래야 에로스와 다시 만난 뒤 '기쁜 쾌락'인 의식의 장을 낳을 수 있다.

결핍에 집착하는 당신의 무의식적인 면을 찾아 '깊은 에로틱한 사랑'(수용이라고도 할 수 있다)으로 치유하는 것이 실존적 변태수업의 핵심이다.

바로 그 깊은 에로틱한 사랑 속에서 당신은 심오한 차원의 진정한 주체성을 경험할 수 있다. 일단 당신의 정신(프시케)이 에로스로 가득 차게 되면(즉, 사랑으로 하나되어 합일되면) 부정적인 투사는 끝나고 당신은 대단히 아름다운 긍정적인 투사와 동시성의 장을 당신 주변에 만들어내게 된다.

이것이 내가 '마법을 한다'(doing magic)가 아닌 '마법이 되어간다'(becoming magic)고 말할 때의 의미다.

마법을 하는 것도 당연히 좋다. 하지만 '마법이 되면' 주문을 외는 노력에 힘을 덜 써도 된다. 당신이 마법 그 자체가 '되면 될수록' 마법이 당신 주변에 애씀 없이 동시적으로 일어날 것이기 때문이다.

(아주 중요한) 4과에서 우리가 집중적으로 다룰 주제가 바로 이 변성의 힘을 가진 마법이다. 실존적 변태 수업의 개별 연습 열세 가지를 통해 당신의 삶이 바뀔 수 있다.

4과

변성 마법을 위한 EK 연습

- 삶을 정돈하는 방법

- 최악의 두려움 목록

- (재미있게) 자학하기

- 빛나는 어둠에 머무르는 방법

- 파산에서 벗어나는 방법

- 지복의 행복을 느끼는 방법 (설령 그런 행복을 느끼고 싶지 않더라도)

- 진짜 느낌 느끼는 법 (가짜 느낌 말고)

- 나를 너무 진지하게 생각하지 않는 방법

- 자기 몸에 만족하는 법

- 사랑 낙제생에서 탈출하는 법

- 나는 아직 깨닫지 못했다고 척하는 것 그만두기

- 고문의 기술을 제대로 이해하여 다른 사람 고문하는 걸 멈추기

- 재미도 있고 돈도 딸려오는 '멋진 것을 무서워하는' 법

영성에 관심 있는 지적인 사람이라면 많이들 알고 있을 심오한 깨달음이 있다. 어떤 것이든 그것을 해야 할 '이유'는 없다는 사실이다.

아니면 빌 머리^{Bill Murray}가 서머캠프 코미디 영화인 〈미트볼^{Meatballs}〉이나 서머셋 모옴^{Somerset Maugham}의 실존적 고전 《면도날》(The Razor's Edge)의 애수에 찬 극화 버전 영화에서 말했던 것처럼, "그거 하나도 중요하지 않다".

우리는 모두 무한한 비이원적 실재에서 소용돌이치며 방사되는 방사물에 불과하므로 본질적으로 말하자면 당신이 공과금을 내든, 진정한 사랑을 찾든, 세계를 구하든, 가정을 꾸리든, 깨달음을 얻든 그 무엇도 전혀 중요하지 않다. 몸매를 가꾸고, 치과에 가고, 아이를 갖고, 비영리단체를 세워야 할, 혹은 그 무엇을 해야 할 확실하고, 비이념적이고, 비교리적인 순수한 이유는 없다.

우리는 행동의 원인이 되는 이유를 찾을 때 꼼짝달싹 못 하게 된다. 어딘가 마음 한편으로 이유라는 게 사실은 존재하지 않는다는 것을 알고 있기 때문이다. 똑똑하고 훌륭한 많은 사람들이 이 늪에 빠져 가족이나 친구들을 실망시키지 않겠다는 등의 별 시답지 않은 삶의 이유들에 겨우 지탱해 허송세월한다. 그러한 반쪽짜리 진실에 기대 절뚝대며 나아갈 수는 있겠지만 진정으로 정돈된 삶을 사는 데는 별 도움이 안 된다.

반면 그런 삶을 살게 해주는 진실이 있다.

바로 무슨 일을 해야 할 '이유' 같은 건 없다는 것이다. 당신만의 변태적이고 열렬하고 지랄 맞은 욕망만 있다면 그것으로 족하다.

예를 하나 들어보자. 패셔너블한 옷에 몸을 맞춰야 하고, 대사 증후군에 걸리지 않아야 하고, 할리우드 셀럽과 똑같아져야 하기 '때문에' 매일 운동한다는 건 헛소리다.

그럴 필요 없다. 아무렇게나 넝마를 걸치고, 태양 아래 존재하는 생활습관병을 모조리 앓고, 이상적인 몸을 갖고 있지 않아도 당신은 여전히 우주의 무한한 사랑을 받는다.

당신은 또한 운동이라면 무조건 찬양하는 운동지상주의 세상에 빅엿을 날려도 된다. 그것 자체만으로 운동을 하지 않을 엄청나게 매력적인 '이유'다.

아니면, 당신은 당신만의 변태적이고 이상하고 지랄 맞은 욕망에 따라 운동을 할 수도 있다.

예를 하나 더 들어보자. 당신이 꿈을 좇아야 하고, 자신의 창조력을 표현해야 하고, 또는 공동체를 돕기 위해 부자가 되어야 하기 '때문에' 사업가가 되거나 백만장자가 되어야 한다는 건 헛소리다.

그럴 필요 없다. 당신은 사업가가 되거나 부를 창조하는 일 등등은 전혀 하지 않은 채 그냥 지금 하고 있는 일을 계속해도 된다. 그래도 무한한 시공간의 프랙탈 홀로그램은 완벽하게 펼쳐진다.

혹은 재수 없는 자본주의에 빅엿을 날리고 계속 파산 상태로 있어도 좋다. 그것 자체만으로 회사를 시작하지 않을 엄청나게 매력적인 '이유'다.

아니면, 당신은 당신만의 지랄 맞고 이상하고 변태적인 욕망에 따라 간지 나는 사업가가 될 수도 있다.

내가 하는 말의 요지를 아시겠는지?

어떤 일을 할 때 이유를 찾지 않는 게 큰 힘이 될 수 있다. 따지고 들면 똑같이 그럴듯한 이유 따위는 세상 모든 일에서 찾을 수 있기 때문이다.

당신에게 당신만의 욕망이 있고 거기에 다른 사족을 붙이지 않을 때, 당신은 자신의 모든 행동에 구심점이 되어 주고 갈등의 고르디우스 매듭*을 단칼에 베줄 그 욕망에 대해 책임감을 갖게 된다.

그러니 삶을 정돈하는 방법에 관해 조언을 하나 하자면, 단 한 가지의 욕망을 선택해 앞으로 3개월 동안 그것에만 집중하라. 평생 동안 하라는 게 아니다. 딱 3개월만 하면 된다. 집중하고 싶은 욕망이 무엇인지는 상관없다. 아주 약간 마음이 가는

---

* 고대 소아시아의 프리기아 왕국의 고르디온에 있었다는 전설의 매듭. 고르디우스가 프리기아의 왕이 되고 나서 수도 고르디움의 신전 기둥에 복잡한 방법으로 매듭을 지어 전차를 한 대 묶어두었고 "누구든지 이 매듭을 푸는 자는 아시아를 정복할 것"이라고 예언했다. 많은 이들이 이 매듭을 풀기 위해 도전했지만 실패했고 기원전 334년, 알렉산더 대왕이 아시아를 정복하기 위해 가던 중 매듭의 이야기를 듣고 신전으로 가 칼로 단숨에 매듭을 잘라버렸다. 편집부 주.

정도라도 충분하다. 새 남자친구 사귀기부터 소설 쓰기, 1억 벌기, 전 존재를 고통에서 해방시키기까지 모두 좋다.

이 욕망을 추구할 이유가 없다는 것을 받아들이라.

일기장에 이렇게 써보라. "나에게는 _____를 하고 싶은 변태적이고 이상하고 지랄 맞은 욕망이 있다. 난 그런 음란한 별종이니까 그냥 그것을 할 거다."

자, 여러분은 말도 안 되게 바보 같은 이유로 이 욕망을 미친 듯이 즐겁게 온 힘을 다해 추구해보겠다고 결심했다. 이것은 당신만의 이상한 욕망이니까.

그냥 그걸 원하기 때문에 원하는 것을 원하라.

원하는 것을 추구하는 게 쉽지 않거나 큰 욕망이 대개 그러하듯 안전지대에서 멀리 벗어나게 되어 불편해진다면, 그것도 좋다. 그 모든 예리한 불편함을 음미하라. 다시 한번 말하지만 당신의 욕망은 당신만의 가학-피학성이 새겨진 여행이다. 정말 딱 그뿐이다.

욕망을 추구할 때의 고통과 아직 이루지 못한 욕망이 주는 고통(즉, 아직 남자친구를 사귀지 못했고, 소설을 완성하지 못했고, 현금이 없고, 모든 중생을 해방시키지 못한 현재의 '싫은' 상황의 고통) 모두에 대해 실존적 변태 수업을 적용해보라.

두 종류의 고통 모두 똑같이 멋있는 것이므로 나는 여러분이 이 두 개를 모두 소중히 여기기를 진심으로 바란다.

만일 당신이 3개월간 이유 없는 욕망을 추구하는 데 계속 집중한다면 끝 무렵에는 지금보다 삶이 훨씬 더 정돈되어 있을 것이다. 그때 동일한 욕망을 이유 없이 계속 추구할 것인지, 새로운 욕망을 선택할 것인지 결정하라.

무엇이든 정말 상관없다.

[연습 2] 최악의 두려움 목록

'최악의 두려움 목록'(Deepest Fear Inventory)의 근간이 된 개념은 메리앤 윌리엄슨Marianne Williamson의 《사랑의 기적》(A Return to Love)에 나오는 다음의 유명하고 현명한 구절이다. "우리의 가장 큰 두려움은 자신의 무능력함이 아니다. 우리의 가장 큰 두려움은 우리에게 측량할 수 없는 힘이 있다는 것이다."

많은 사람들은 무슨 수를 써서라도 거대한 힘을 지녔을 때 느끼는 강렬한 감각을 피하려고 한다.

최악의 두려움 목록은 우리가 원한다고 믿는 것을 실제로 갖는 데 느끼는 저항을 구체적으로 파악하는 데 도움이 된다는 점에서 EK의 효과를 높이는 탁월한 보조 연습이다.

일단 몇 주간 최악의 두려움 목록 연습을 하고 나면, 당신이 원한다고 표면적으로 말하는 것을 갖지 못하는 이유는 세상이 잔인해서, 또는 그걸 갖기에는 내가 너무 모자라서가 아니라 원한다고 말한 것을 무수한 이유로 두려워하는, 사실은 아직 그것을 원하지 않는 나의 일면이 강하게 자리하고 있기 때문이라는 사실이 아주 명료하게 보인다.

최악의 두려움 목록은 당신의 의지가 얼마나 분열되어 있는 가를 잘 보여준다. 이건 좋은 일이다. 분열을 직시해야 치유도 할 수 있다.

최악의 두려움 목록에는 정말 흥미로운 지점이 있는데, 바로 이 연습이 정말 지루해진다는 점이다.

동일한 주제에서 파생되는 사안에 대해 몇 주간 이 연습을 매일 하다 보면 똑같은 두려움을 반복해서 쓰고 또 쓰고 있는 나 자신을 발견하게 된다.

결국 이 두려움들은 무감해질 정도로 지루해지고, 거기에 흥미가 떨어진 당신은 그저 놓아버리게 된다. 이렇듯 최악의 두려움 목록은 썩어가는 오래된 페인트층을 긁어내는 것처럼 당신의 가장 깊은 은밀한 두려움들을 무의식에서 끄집어내게 되고, 당신은 의식적으로 이 두려움에 권태를 느끼고 흘려보낼 수 있게 된다.

연습 과정이 다소 단조롭다고 느낄 수 있지만 일단 그 층 하나를 벗겨내면 거기에 있던 두려움들은 더 이상 당신에게 어떠한 힘도 휘두를 수 없다.

최악의 두려움 목록 지침

최악의 두려움 목록 작성 방법: 종이 한 장을 꺼내 맨 위에 다음과 같이 쓴다. (이 종이를 박박 찢을 예정이기 때문에 컴퓨터가 아닌 종이에 꼭 써야 한다.)

> 하느님/우주/위대한 베헤모스Behemoth*여(부르고 싶은 신의 이름 아무거나),
>
> 나는 _____을(를) 갖는 게 싫고 화가 납니다. (당신이 원한다고 생각하는 것을 빈칸에 써넣는다.)

또는

> 나는 _____을(를) 갖는 걸 절대적으로 거부합니다. (역시 당신이 원한다고 생각하는 것을 빈칸에 써넣는다.)
>
> • 왜냐하면 _____이(가) 너무 두렵기 때문입니다.
> • 왜냐하면 _____이(가) 너무 두렵기 때문입니다.
> • 왜냐하면 _____이(가) 너무 두렵기 때문입니다.

당신이 원한다고 생각하는 것을 싫어하고 거부하는 이유와 관련해 최소 스무 개의 두려움을 빠르게 적어 내려간다. 마지

---

* 구약 성서에 등장하는 코끼리 또는 하마와 닮은 거대한 괴물.

막에는 이 두려움을 없애달라고 요청하는 기도를 적는다. (예시
는 아래에서 확인할 수 있다.)

최악의 두려움 목록을 다 쓴 후에는 그것을 다른 사람에게
큰 소리로 읽어준다. (이 작업을 당신과 함께하고 싶어하는 친구나 파트
너와 하면 좋다.)

당신의 목록을 들은 상대는 "정직하게 말해줘서 고맙습니
다"라고 말한다.

이에 당신은 "들어주어서 고맙습니다"라고 말한 뒤 이 빌어
먹을 것을 박박 잘게 찢은 다음 쓰레기통에 버린다. 나중에 보
겠다고 갖고 있으면 안 된다.

그냥 그 두려움을 갈가리 찢어 폐기하라. 목록을 적은 종이
를 파기하는 행위는 당신의 무의식에 "이것을 삭제하시오"라
는 메시지를 보내는 상징적인 마법 행위다.

참고사항 한 가지. 만일 당신의 두려움에 다른 사람의 행위
에 대해 걱정하는 마음이 포함돼 있다면, 그 사람이 그 행위를
할 때 느껴지는 감각을 "내가 그것을 (흥분으로) 느끼려 하지 않
는다"고 표현을 뒤집어야 한다.

그러니 "다른 사람이 나를 미워하는 게 정말 두렵기 때문이
다"라고 썼다면 "다른 사람이 나를 미워할 때의 감각을 내가
'느끼지 않으려 하는 게' 정말 두렵기 때문이다"라고 뒤바꿔야
한다.

당신이 흥분으로 느끼기를 꺼리는 다른 감각들에 대해 얼마

EXISTENTIAL *KINK*

든지 자유롭게 써내려가라. 단, 다른 사람들이 할까 봐 두려워하는 것에 대해서는 반드시 표현을 '나' 위주로 바꿔야 한다. 왜냐고? 이 연습은 결국 당신 내면에 존재하는 장벽, 당신의 거리낌, 당신의 거부를 들여다보는 작업이기 때문이다. 내면이야말로 당신의 통제소가 거하는 곳이기 때문이다.

최악의 두려움 목록 예시

우주여, 저는 한 달에 1만 달러의 수입이 들어오는 것을 전적으로 거부합니다.

- 그렇게 큰돈을 버는 감각을 내가 흥분으로 느끼려 하지 않는 게 정말 두렵기 때문입니다.
- 다른 사람들은 가진 게 아무것도 없는데 나만 그렇게 많은 돈을 버는 것이 정말 두렵기 때문입니다.
- 다른 사람이 질투하거나 원망하는 감각을 내가 (흥분으로) 느끼려 하지 않는 게 정말 두렵기 때문입니다.
- 그 돈을 멍청한 데에다 써버릴까 봐 정말 두렵기 때문입니다.
- 내가 신나서 넓은 땅을 산 다음 퍼머컬처* 먹거리 숲을 짓고 아이를 갖고 싶어할지도 모른다는 사실이 정말 두렵기

---

* permaculture. permanent(영속적인)와 agriculture(농업)의 합성어로, 자연순환의 원리에 따라 의식주, 농업, 문화, 지역과 사회를 새롭게 디자인하고 이를 실천하는 철학을 말한다. 편집부 주.

때문입니다.

- 아이가 생기면 더 이상 철없고 나만 아는 애처럼 행동할 수 없다는 것이 정말 두렵기 때문입니다.

- 도시를 떠나고 싶다는 마음이 들까 봐 정말 두렵기 때문입니다.

- 도시를 떠나면 도시를 그리워할까 봐 정말 두렵기 때문입니다.

- 가족이 나를 다르게 대할까봐 정말 두렵기 때문입니다.

- 내가 그렇게 부자가 되면 더 이상 어떤 것에도 툴툴거릴 자격이 없어질까 봐 정말 두렵기 때문입니다.

- 나에게는 어떤 것이든 툴툴거릴 수 있는 자격이 이미 없는데도 여전히 그러고 있다는 게 정말 두렵기 때문입니다.

- 그렇게 많은 돈을 벌면 나 스스로에 대해 갖고 있는 내 이야기(내가 나쁘고, 수상하고, 틀렸다는)가 위협받을까 봐 정말 두렵기 때문입니다.

- 내 이야기가 없다면 내가 누구인지 알 수 없을 것 같아 정말 두렵기 때문입니다.

- 내가 지금까지 생각했던 것과는 전혀 다른 사람이라는 게 밝혀질까 봐 정말 두렵기 때문입니다.

- 내가 크게 성장할지도 모른다는 사실이 정말 두렵기 때문입니다.

- 성장과 변화의 감각을 내가 느끼려 하지 않는 게 정말 두렵

기 때문입니다.

* 그렇게 많은 사랑과 가치를 인정받는 것에 수치심을 느낄까 봐 정말 두렵기 때문입니다.

* 내가 수치심의 감각을 느끼려 하지 않는 게 정말 두렵기 때문입니다.

* 그 수치심을 느끼면 무언가 새로운 것이 내 안에서 솟아오를까 봐 정말 두렵기 때문입니다.

* 그 새로운 무언가를 내가 모른다는 사실이 정말 두렵기 때문입니다.

* 미지가 정말 두렵고, 내가 불확실성의 감각을 느끼려 하지 않는 게 정말 두렵기 때문입니다.

우주여, 부디 이 두려움들을 제거해주십시오. 부디 저에 대해 갖고 있는 당신의 의지를 알려주시고 그 의지를 실행할 힘을 저에게 주소서. 감사합니다.

그런 다음 전체 목록을 다른 사람에게 읽어주고 종이를 잘게 찢어 쓰레기통에 버리라.

최악의 두려움 초긍정하기 목록

위에서 설명한 '최악의 두려움 목록' 기본 과정은 이 연습을 막 시작한 사람에게 가장 적합하다고 할 수 있다.

하지만 몇 주간 매일 이 연습을 한 사람이라면 다음과 같은 변성 연습을 해보기를 권한다. 실제로 느끼는 두려움을 적지 말고 각각의 두려움을 그것의 극단에 있는 초긍정적 속성으로 바꾼 뒤 "＿＿＿이(가) 정말 두렵기 때문이다"의 빈칸에 넣어보는 것이다. 예를 들어 "그 돈을 멍청한 데 다 써버릴까 봐 정말 두렵기 때문입니다"라고 했다면 이것을 "그 돈을 굉장히 현명하게 써서 나 자신과 다른 사람들에게 큰 혜택을 줄까 봐 정말 두렵기 때문입니다"라고 바꾸는 것이다.

최악의 두려움 목록을 이렇게 초긍정적으로 뒤집어보는 게 크게 효과적인 이유는 분리감과 무력함에 매몰된 에고의 두려움을 드러낼 수 있기 때문이다.

이 차원의 에고는 우리가 경이로운 기분을 느끼고 훌륭한 일을 하는 것을 사실 두려워한다. 우리가 경이로운 기분을 느끼고 더욱 훌륭한 일들을 성취할수록 에고는 이질감, 분리감, 전체에서 떨어져 나왔다는 소외감을 느끼는 게 더욱 어려워지기 때문이다.

재미없는 자학이야 누구나 알고 있는 거다.

물론 여기서 자학이라는 말은 우리가 하거나 하지 않은 무수한 일에 대해 죄책감과 수치심, 대체로 마음이 안 좋고 잘못했다는 느낌이 드는 걸 의미한다. 2과의 죄책감 작업에서 배웠듯이 우리에게는 스스로를 기분 나쁘게 만들려는 동기가 언제나 깔려 있다.

죄책감이나 마음이 안 좋은 것은 아무 이유 없이 당신에게 벌어지는 일처럼 보일 수 있지만 사실 아니다. 그것은 무의식의 선택이다. 오래전 아이였을 때의 의식이 자신의 생존과 안전을 위해 의탁하던 주변 사람들의 승인을 얻고자 기획했던 일종의 전략이다.

당신의 부모는 이 전략을 오래전 그들의 부모에게서 배웠고, 당신은 조상 대대로 내려온 이것을 물려받았다. 어릴 적에는 그저 방 청소를 하지 않거나 성적이 나빠서 마음이 안 좋았던 것이 성인이 되면 그 범위가 확장되어 실수로 약속을 잊어버리거나, 문자에 바로 답을 하지 못하거나, 채소를 충분히 먹지 않거나, 사람들을 불쾌하게 만들어서 마음이 안 좋아진다.

죄책감의 문제는 대부분 이 감정의 유효기간이 끝난 지 한참이 지났는데도 우리가 계속 끌어안고 있다는 점이다. 스스로를 방어할 수 있게 되었을 때 다음과 같이 자동으로 삑삑 소리를 내며 알려주는 알람 같은 게 있다면 얼마나 좋을까. "당신 가족의 정서적 역기능을 고스란히 반복하는 것을 이제는 멈출 때입니다. 당신이 저지른 '죄'에 대해 계속 죄책감을 느껴봤자 이제는 양육자의 동정심을 얻을 수 없습니다. 그렇게 해봤자 당신 힘만 빠질 뿐이고 결국은 삶의 의지만 새어나갈 뿐입니다." 그러나 설령 그런 알람이 있다 한들 그렇게 뼈에 새겨진 습관을 어떻게 중단할 수 있을 것인가?

여기 방법이 하나 있다. 바로 당신의 잔인하고 자기 가학적인 운영지침을 극단적으로 부각시키는 것이다.

당신이 이미 삶에서 지키고 있는 실질적인 '진짜' 가치와 약속들, 순간순간의 행동과 감정을 지배하는 실질적인 가치들을 드러내어 적어도 일시적으로나마 온전히 의식적으로 수용하는 것이다.

당신의 가학적인 운영지침을 온전히 의식적으로 수용한다는 말은 당신의 악랄하고 가학적인 공격성을 수치스러워하지 않고 오히려 축복한다는 뜻이다.

이렇게 하면 현재 운영지침에 묶여 있는 정신 에너지를 해방시켜 삶의 새로운 가치들을 선택할 여지가 생긴다.

시작하는 데 도움이 될 운영지침의 예는 다음과 같다.

> • 나는 이유를 불문하고 내가 누구에게든 불쾌감이나 실망감을 안겨주었다면 적어도 세 시간 동안 죄책감을 느낄 것이다.

- 응원받고 안전하다고 느끼는 건 무슨 일이든 절대 금지.
- 나를 사랑할 정도로 멍청한 사람들에게서 언제나 결점을 찾아내야 한다.
- 나는 나만의 가치와 진가를 의심하는 데 100퍼센트 최선을 다한다.
- 내 책임 중 한 가지라도 다 하지 않으면 나는 스스로를 열렬히 증오할 것이다.
- 온전한 자기용서는 절대 느껴서는 안 된다. 약간은 괜찮지만 온전하게 자기용서를 느끼는 건 절대로 안 될 말이다.
- 내 일과 존재를 거부하면 할수록 권위 있는 인물의 인정을 더 많이 받을 수 있다.
- 내 가치는 다른 사람들의 평판에 온전히 달려있다는 데 100퍼센트 동의한다.
- 나는 타인에 대한 내 공격성과 성적인 느낌을 가차 없이 수치스러워하고 억눌러서 그것들을 그냥 막연한 불안이나 우울로만 경험할 것이다.
- 나는 무엇이든 실패할 때마다 나 자신을 모욕하는 데 1,000퍼센트 최선을 다한다.
- 나의 가장 깊은 가치는 나 자신에 대해 안 좋은 기분을 느끼는 것이고, 사랑하는 사람들이 나를 어떻게 실망시켰는지 철저하게 지적하여 그들의 기분을 나쁘게 만드는 것이다.

휴! 재미있지 않나? 자, 그래서 당신의 목록은 어떠한가?

다이어리를 꺼내 당신의 일상적인 느낌과 행동을 규정하는 규칙을 구체적인 언어로 적어보라. 마치 안드로이드에 당신과 똑같은 오류와 신경증을 그대로 프로그래밍하는 것처럼 말이다.

그다음에 그 리스트를 '반대로 뒤바꾼 심리적 확언'이라고 생각하라. 다음 주 내내 아침에 거울 앞에 서서 열정적으로 또는 낄낄거리는 디즈니 악당처럼 확언을 읽어보고 어떤 변화가 찾아오는지 확인해보라.

이 연습이 절대 당신을 기죽이려는 게 아님을 명심하라. 이 연습의 목적은 내면의 가학적인 금지조항들이 무의식의 수준에서 이미 작동하고 있었음을 알아차리는 것이다. 그리고 그것을 구체적으로 표현하고, 의식적으로 그것에 동의하고, 극단으로 치닫는 그것의 괴짜스럽고 가학적인 우스꽝스러움을 샅샅이 음미하여 그러한 금지조항을 선명하게 드러내고 의식화하는 것이다. 내면의 금지조항을 적나라하게 드러내고 그것에 의식적으로 동의하는 실험을 하다 보면 이것이 얼마나 말이 안 되는 미친 말들인지가 너무도 분명하게 보이기 때문에 당신의 가슴은 그냥 쉽게 내려놓게 된다.

가학적인 운영지침 중 하나인 "나는 ○ ○ ○(나의 진가, 나의 몸, 나의 창조력 등)에 대해 절대로 기분이 좋아서는 안 된다"를 예로 들어보자. 말도 안 되는 말인 게 바로 보이지 않나?

당신은 당신과 당신 삶의 모든 부분에 대해 즐겁고 환상적이고 사랑스러운 느낌을 언제나 전적으로 느껴도 된다. 하지만 ㅇㅇㅇ에 대해 전적으로 만족스러워하지 않고 있다면 분명 그것에 대해 기분 좋아하지 말라는 가학적인 금지조항을 무의식적으로 이미 받아들이고 믿는 당신이 크게 자리하고 있다.

그래서 여기에서의 묘책은 공간과 시간을 따로 내어 그 가학적인 당신을 존중하고, 내면의 악당이 내리는 지시를 있는 그대로 수긍하고, 잠시 저항을 멈추고 그것에 동조해보는 것이다. 이것은 마치 당신의 무의식적 그림자가 몇 년째 끝내려고 애를 쓰던 춤을 마침내 완성시켜주는 것과 같다.

평생 동안 우리의 의식적인 마음은 가족, 문화, 카르마 등등이 무의식에 새겨둔 이러한 금지조항들에 저항해왔다.

하지만 우리는 안다. "아니야, 나는 내 가치에 만족을 느껴도 돼! 나는 아름답고 강인하다고 완전히 느껴도 돼!"라고 고집을 부려봤자 한순간은 가슴이 뜨거워질지언정 지속되지 않는다는 사실을. 그렇지 않다면 확언을 한 모든 사람들이 지금쯤 지복에 휩싸인 성인이 되어있을 것이다.

대신 우리는 잠시 내면의 가학적인 금지조항들과 다투는 것을 그만두고 그것에 전적으로 동의하며 어울려줘야 한다. 네가 옳다며 전적으로 동의할 때, 전혀 저항하지 않을 때, 내면의 금지조항들은 힘을 잃는다. (그것이 그 자리에 있을 수 있었던 건 오로지 우리가 저항했기 때문이므로.)

지금까지 무의식의 영역에 있던 가학적 금지조항이 당신의 인정과 함께 사라지면 그때까지 정신에 묶여 있던 에너지는 해방되고, 이제 당신은 이 남은 에너지를 창조적인 일에 투입할 수 있다.

정말이지 이 '반대로 뒤바꾼 심리적 확언' 연습으로 에너지를 일부 해방시킬 수 있다면 그 에너지를 새로운 프로젝트에 의도적으로 투입하는 게 좋다.

[연습 4] 빛나는 어둠에 머무르는 방법

빛나는 어둠은 당연히 역설이다. 그리고 인간 역시 그러하다.

에고는 성공, 부, 진보, 존경, 사랑 같은 좋은 것들을 얻는 데 혈안이 된 탐욕스러운 애착 위에 핀pin 조명을 쏘아 스포트라이트 구역을 만든다.

의식적 마음이 이 스포트라이트 안에 들여놓는 모든 것은 (일단 성취하면) 우리가 괜찮은 사람이 되기 위해 꼭 되어야 한다고 믿는 이상적인 자기가 마침내 실현되었음을 영광스럽게 보여주는 증거라고 우리는 생각한다.

의식적인 사고의 스포트라이트는 자신과 삶의 이상적인 버전, 이래야 '한다고' 생각하는 모습 위에 빛을 비춘다.

하지만 당신도 알아챘겠지만 당신과 당신의 삶, 그리고 그 속에 등장하는 사람들이 스포트라이트의 이상적인 기준에 크건 작건 부응하지 못할 때, 당신에게 원하는 만큼의 승리, 사랑, 발전, 현금, 모험 또는 존중 등을 안겨주지 못할 때…

당신은 불안, 분노, 모멸 같은 모든 종류의 감각이 전신을 휩쓰는 것을 느낀다.

왜? 스포트라이트는 밝고 뜨겁고 동시에 그림자를 드리우기 때문이다.

그림자에도 스포트라이트 안의 내용물을 거울처럼 반영하는 일종의 탐욕스러운 애착이 있다. 그림자는 실패와 굴욕, 불안과 분노에 뜨겁게 애착한다.

에고/의식적인 마음은 자신이 실패와 굴욕(부, 사랑, 육체, 창조력 등등의 문제에 있어서)을 두려워한다고 생각할지 모르지만 두려움과 욕망은 한 몸이다.

사실 의식적인 마음은 이 모든 나쁜 것들에 대해 걱정하면서 이것을 어떻게 해야 피할 수 있나 골몰하지만 그 걱정은 일종의 은밀한(그림자적인) 성적인 애무다. 실패와 굴욕이라는 너무나 사랑하는 연인의 얼굴에 홀딱 빠져 강박적으로 생각하는 행위다.

내가 하고 싶은 제안은 이렇다. 실패와 굴욕(그리고 불안과 결핍, 지방과 주름, 고통과 궁극적으로는 죽음 자체를 포함한 모든 나쁜 일들)을 지금처럼 소중한 연인으로 대하라. 당신은 이미 그들을 연인으로 사랑하고 있다.

비밀스러워하고 수치스러워하는 연인이 아닌, 모두에게 교제 사실을 알리고, 주위 사람들의 인정을 받고, 없으면 찾고, 찬양하는 연인으로 대하라.

모든 나쁜 일을 끊임없이 느끼고 경험하겠다고 무한한 의지를 가지라. 어찌 됐든 이미 당신의 일부는 그런 무한한 의지를 현재 갖고 있다.

당신은 삶에서 일어나는 모든 엿 같은 일들을 사랑하려고 노력할 필요가 없다. "당신은 이미 그것을 열렬하게 사랑하고 있다"가 명백한 사실이다.

당신에게 필요한 것은 정직성뿐이다. 모든 나쁜 일에 대해 곱씹고 두려워하는 것에서 당신이 미묘한 에로틱한 쾌락을 얻고 있음을 솔직히 인정하기만 하면 된다.

당신은 무조건 죽게 되어 있다는 사실, 그리고 그렇게 죽음으로써 당신은 에고의 활동을 지속시키는 일에 전적으로 실패하리라는 사실이 얼마나 흥분되는지를 솔직하게 인정하면 된다.

당신은 무슨 짓을 하든 완벽한 실패자다. 처절한 실패자.

이렇게 하면 스포트라이트의 스위치가 꺼진다.

당신은 암흑 속에 있다. 스포트라이트도 그림자도 없다. 미지의 현재 속으로 들어가는 당신 앞에는 그저 빛나는 어둠뿐이다.

바로 이 미지의 현재에서 당신은 있는 그대로 존재하고, 당신의 삶도 있는 그대로 존재한다. 사랑하는 나쁜 것들로 가득하고 좋은 것들도 한 움큼 존재하는, 향상이며 발전 따위 없이 그것으로 충분한 삶.

빛나는 어둠은 당신이 이상적인 자기 이미지 좇기를 그만두고 있는 그대로의 모습대로 잠시 존재할 때, 즉 나쁜 것에 대한 욕망-두려움으로 황홀해할 수 있는 용기를 지닐 때 찾아온다.

"아 젠장, 나는 세상의 모든 고통스러운 일들을 있는 그대로 느낄 의지가 무한히 있어! 나는 그럴 의지가 무한한 미친 사람이야!" 그게 바로 당신의 솔직한 모습, 원래의 모습, 본연의 모습이다.

더 열심히 노력하고, '제대로 하고', 깨달음을 얻은 뒤가 아닌 지금 당장. 당신은 '이미' 당신의 모든 그림자에 흥분하고 있다. 그것을 스스로 보지 않으려 할 뿐이다.

절대 이상적이지 않은 삶에서 절대 이상적이지 않은 사람으로 존재하겠다는 이 무한한 의지는 당신의 영이 지구에서 온전히 육화할 수 있게 해준다. (그나저나 육화는 사전적 의미로 보면 이상적인 것이 아니다. 구체적인 시공간에서 현현하는 것이기 때문이다.)

지금 여기 바로 이 순간에 온전히 육화하게 되면 자크 데리다 Jacques Derrida 가 절대 미래(absolute future)라고 부른, 과거의 패턴에 조건화되지 않은 미래의 동이 튼다.

마법은 바로 이 절대 미래에서 펼쳐진다.

스포트라이트를 꺼라. 빛나는 어둠을 켜라. 절대 미래를 열라.

[연습 5] 파산에서 벗어나는 방법

아, 결핍. 세상에 결핍만큼 강렬하고 톡 쏘고 풍미 좋은 맛은 없을 것이다. 결핍에 딸려오는 "난 이제 망했다"의 공황 감각은 또 어떻고.

난 이게 뭔지 정말 잘 안다.

내 얘기를 들려주겠다. 수년 전 추위가 살을 에던 어느 12월의 아침, 나는 피츠버그 푸드뱅크 밖에 늘어져 있는 길고 비참한 줄에 합류해 손을 비비며 서 있었다. 정부에서 나눠주는 닭고기 수프 캔을 멍하게 기다리고 있을 때 어떤 이상한 생각 하나가 머리를 스쳤다. "내 안에 이걸 진짜, 진심으로 좋아하는 부분이 있는 건가?"

약 1년 전 나는 피츠버그 대학에서 문화비평연구 전공으로 박사학위를 취득한 상태였다. 나는 문학과 심리학, 대륙 철학을 공부하고 가르쳤지만 본바탕은 영어전공이었다.

영어전공과 관련해 아주 오래전부터 농담으로 회자되던, 하지만 나에게는 전혀 농담이 아닌 말이 하나 있다.

내용은 이렇다.

질문: "영어전공으로 뭘 할 수 있어?"

대답: "그거 빼고 다!"

당시 나는 스물아홉 살이었는데, 20대의 7년("내 인생의 황금기를!" 하며 나는 비통해했다)을 근사한 학교에서 박사학위를 따는 데 쏟아부은 결과는 빈털터리 주머니였다. 어디에서도 나를 고용하고 싶어하지 않았기 때문에 나는 별 시답지 않은 프리랜서 글이나 쓰며 돈을 박박 긁어모아야 했다.

그럴 수밖에 없던 것이 내 박사학위는 학계 밖에서는 사실상 쓸모없었고, 내 강사 경력을 고용주에게 조금이나마 매력적이게 보일 수 있도록 만들려면, 뭐랄까, 날조에 가까운 창의력이 필요했다.

상황이 이러했던 고로 나는 아주 착한 친구들의 소파에 빌붙어 살았고, 한 달에 1,500달러 정도의 돈을 벌었으며, 쓰레기통 뒤지는 법을 아는 지인들과 푸드뱅크의 자선에 힘입어 입에 풀칠을 했고, 대부분의 시간 동안 열렬한 자기연민에 끝도 없이 빠져 있었다.

나는 내가 스물아홉 살쯤 되면 컬럼비아^{Columbia} 대학의 최고로 유능한 젊은 교수 같은, 존경받고 매력 넘치는 사람이 될 줄 알았다. 10대 때의 내가 확신해 마지않았던 스물아홉 살의 내 모습은 어퍼 이스트 사이드^{Upper East Side}의 아파트에서 (구름처럼 포근한) 고급 침구가 깔린 침대에서 자고 일어나 우아하게 에스프레소를 한 잔 마시고, 마호가니 책상에 앉아 날카로움이 번득이는 글을 좀 쓰다가, 가을 나무 아래에서 똑똑한 척하는 학부생들을 가르치고, 시인들과 로맨스를 즐긴 다음, 럭셔리한 침대에서 실크 나이트가운을 입고 다시 잠에 드는 것이었다.

하지만 진짜 스물아홉 살의 나는 사우스 사이드^{South Side}의 작은 연립주택에서 삐걱거리는 천 소파를 침대 삼아 잤고, 멍키^{Monkey}라는 이름의 고약한 고양이가 얼굴을 할퀴어 일어났고(내 친구들은 정말 착했지만 고양이는… 절대 아니었다), 진득하게 샤워하는 걸 좋아하는 세 명의 하우스메이트를 제치기 위해 조급한 마음으로 화장실 줄을 서고, 하루 종일 미친 듯이 일 쪼가리를 찾았다.

물론 내가 이런 답 없는 무일푼의 상태에 빠진 건 내 잘못이었다.

온갖 고생을 하며 학사, 석사, 박사학위를 따놓고 나는 절대 교수가 되지 않겠다고 결심했다. 사실 고등교육 기관에 절대, 다시는 발을 들여놓고 싶지가 않았다. 왜? 간단하게 말하자면 학교를 다니는 동안 내가 그 무엇보다도 마법과 시와 영혼을 믿는다는 사실을 알게 되었기 때문이다. 당신 눈에는 그렇게 나쁜 일 같아 보이지 않을 수 있겠다.

하지만 이건 나쁜 일이 맞았다. 현대 학계가 증오하고 매도하는 세 가지가 바로 그것이기 때문이고 이러한 마법과 시와 영혼에 대한 나의 믿음이 나를 학계에 어울리지 않는 인물, 누구든 간단하게 무시할 수 있는 우스꽝스럽고 제정신이 아닌 멍청이로 만들었기 때문이었다. 아이러니하게도 내가 연구를 하며 알게 된 것이 있다면 현대의 대학과 현대사회의 문화는 유물론적 과학의 가치에 기반한다는 사실이었다.

실제 과학에는 유감이 없다.

하지만 유물론적 과학에는 유감이 많다.

왜냐고? 유물론적 과학은 물질세계만이 존재하고, 객관적으로 재고 측정될 수 있는 것만이 진짜고, 영이나 혼, 가슴과 마법 같은 것들은 모두 감상적이고, 무의미하고, 미개한 허튼 수작에 불과하다고 주제넘게 주장하는 신조이기 때문이다. 이것은 세계와 세계를 구성하는 모든 것을 검증하고 측정하고 이용하는 대상으로 취급하는 태도다. 별이나 동물이나 식물이 사실은 우리 인간이 감사하고 친근한 마음으로 교류할 수 있는 대상이라는 생각은 단호하게 기각된다.

간단히 말해 유물론적 과학은 가능성에 열려 있지 않으므로 진짜 과학이라 할 수 없다. 유물론적 과학은 건방지게도 지식의 한계를 눈앞에 보이는 것으로 진즉에 규정해버렸다.

어쨌든, 고리타분한 영어학과에서 나의 이런 반감을 숨기지 않은 결과 나는 멋지거나 훌륭해질 기미 따위 하나도 보이지 않는 미래를 안고 졸업과 동시에 길바닥에 나앉게 되었다.

"내 안에 이걸 진짜, 진심으로 좋아하는 부분이 있는 건가?"

푸드뱅크에서 줄을 서 있을 때 호기심이 하나가 스멀스멀 올라왔다. 유명한 끌어당김의 법칙 선생들이 말하는 것처럼 우리의 경험을 창조하는 게 욕망일 수 있는 걸까?

만일 그 말이 사실이라면 — 융과 프로이트의 저작에서 얘기하는 것처럼 — 나에게 진짜 답이 없고 변태스럽고 무의식적인 욕망이 있어서 그것이 내 삶의 처량 맞은 조건들을 창조하고 있는 것일까?

정부에서 나눠준 닭고기 수프 캔을 들고 집에 온 그날, 나는 대단히 터부시되는 가난의 모욕과 불안을 은밀하게 욕망하는 내가 내면 어딘가에 있는 건 아닌가 하는 기이한 작은 생각을 탐구하기 시작했다.

결국 약 1년간 끈질기게 인내하고, 나 자신에 대해 최대한 정직하려 노력하고, 수치와 판단을 무수히 내려놓은 다음에야 나는 지금까지 무의식적이었던 나의 일부가 진짜로 내 가난과 가난에 딸려오는 그 모든 수모를 진심으로, 정말로 사랑했다는 것을 알게 되었다.

어떻게 그 깨달음을 얻게 되었는지 설명해보겠다.

당시 나는 연립주택의 다락방에 살며 코치로 일하고 있었는데, 시간당 100달러를 받고 한 달에 다섯 명 정도를 주 1회 코칭하며 여전히 근근이 살고 있었다.

하지만 내가 아는 여러 다른 코치들은 (내 말에 따르면) 나만큼 코칭 실력이 좋지도 않으면서 시간당 1,000달러는 거뜬히 벌고 있었다. 이 사실에 나는 기가 막혔고 화가 났다.

젠장, 저 사람들은 코칭에 그 정도 돈을 쓸 수 있는 사람들을 어디서 찾는 거지? 나는 비영리단체에서 일하며 기껏해야 시간당 세전 25달러를 버는 사람들에 둘러싸여 자랐기 때문에 시간당 1,000달러는 도저히 청구할 수가 없는 말도 안 되는 큰 액수였다. 나는 여기서 그냥 그러려니 하고 넘어갈 수도 있었다. 세상에는 말도 안 되게 운이 좋고 부자들과의 인맥이 짱짱한 사람들이 있지만 나는 아니구나, 하고. 그렇게 말도 안 되게 운이 좋은 사람들만이 그렇게 말도 안 되는 큰 액수를 보수로 받을 수 있고 나는 그냥 안 된다고. 하지만 "안에서 그러하듯 밖에서도 그러하다"라는 마법의 기본 금언을 잘 이해하게 된

만큼 나는 나의 돈 버는 능력에 영향을 끼치고 있는 것처럼 보이는 내 내면에 대해 호기심을 갖고 살펴보기로 했다.

아무리 부의 불평등이 현재 체제에서 불가피한 사실이라 하더라도 내가 느끼는 결핍과 가망 없음이 창조되는 데에는 내 내면의 개인적인 공명이 적어도 어느 정도는 일조하는 게 틀림없다고 나는 생각했다.

나는 이 생각에 대해 바이런 케이티의 작업(The Work)을 해보기로 했다. '작업'은 스트레스를 주는 생각을 하나 정해 질문을 던짐으로써 생각의 손아귀에서 벗어나 결국은 그 생각으로부터 해방되게 해주는 일련의 과정이다. 나는 이것을 실존적 변태 작업과 병행하는 것을 적극 추천한다.

나는 판단하는 생각인 "나는 내 고객들이 코칭비로 시간당 1,000달러를 기껍게 주길 바란다"를 선택한 뒤 '작업'의 기본 양식에 따라 나에게 물었다. "그게 진실인가?" 이 질문에 "네"라고 공명하는 감각을 몸에서 전혀 느낄 수 없었으므로 나는 "아니요"라고 답했다.

두 번째 질문: 나는 이 생각을 믿을 때 어떻게 반응하는가?

나는 심장이 조이고, 공포스럽고, 결핍되고, 불안한 느낌이 올라오는 걸 느꼈다. 으으음.

세 번째 질문: 그 생각이 없는 나는 어떤 사람일까?

고요해진 나는 만일 그 생각이 없다면 내가 가볍고, 마음이 열리고, 좀더 정직하고, 보다 현존하는 사람이 되리라는 것을 깨달았다. 바이런 케이티의 안내에 따라 나는 그 생각을 뒤집었고 내 첫 번째 진술만큼이나 진실인 생각을 찾았다.

나의 첫 번째 '뒤집기'는 다음과 같이 주어를 '나'로 바꾼 것이었다.

"나는 내가 코칭비로 시간당 1,000달러를 기껍게 주길 바란다."

나는 명명백백히 사실인 이 진술에 즉시 충격을 받았다. 내가 시간당 1,000달러를 받는 코치가 되고 싶다면 당연히 나도 시간당 1,000달러를 내고 다른 사람에게 기꺼이 코칭을 받을 수 있어야 했다. 나는 이후 이 통찰을 실행해 옮겼고, 이것은 내가 시간당 1,000달러 받는 코치가 되어가는 과정에서 아주 중요한 디딤돌이 되어주었다.

그다음으로 나는 이 판단 진술을 완전히 반대 방향으로 뒤집었다.

"나는 내 예비 고객들이 내게 코칭비로 시간당 1,000달러를 기필코, 절대 주고 싶어하지 않기를 진심으로 바란다."

그런데 이때 상당히 이상한 일이 벌어졌다. 클리토리스에서 찌릿하게 울리는 느낌과 크게 욱신하는 느낌이 느껴진 것이다. 삶의 경험에 비추어볼 때 진실은 대단히 감각적이라는 사실이 떠올랐다. 그래서 나는 이 진술을 더 탐색해보기로 했다. 어쩌면 내가 깊은 진실의 찌릿한 울림을 느꼈던 거 아닐까? 나는 이 진술을 여러 방식으로 뒤집어가며 내게 어떤 울림을 주는지 살펴봤다.

"나는 사람들이 나를 절대로 높이 평가해주지 않는 것이 진짜 기쁘다."

"나는 코칭 제안을 할 때 거절당하는 게 너무 좋다."

"나는 고객들이 나에게 절대 돈을 내고 싶어하지 않기를 진심으로 바란다."

각 진술을 말할 때마다 내 몸이 쾌락으로 욱신거리며 이상하게 반응했다.

다른 사람들이 나와 내 작업을 절대 높이 평가해주지 않으려 하는 것에 대해 생각하면 할수록 나는 점점 더 흥분했다. 서서히 어떤 깨달음이 왔다. "내가 시간당 1,000달러를 못 버는 게 너무 당연하네. 무시당하고 거부당하는 데서 완전 흥분하고 있잖아!"

몸이 달아오르는 열정은 열정의 대상을 언제나 자석처럼 끌어당긴다. 나는 내가 지금까지 내 손으로 결핍과 거부를 무의식적으로 끌어당기고 있었다는 냉혹한 깨달음 속에 앉아 있었다.

나는 평가 절하되는 상황을 수년간 무의식적으로 즐기고 끌어당기고 있었으나 그전까지는 이 사실을 절대 알려고 하지 않았다. 실제 삶에서 가치 절하되고 결핍에 시달리며 흥분한다는 건 수치스럽고 변태 같고 이상한 일이기 때문이다.

이후 몇 주 동안 나는 그달 월세를 걱정할 때의 불안, 경제적 결핍이 주는 금단의 스릴에서 기꺼이 변태적인 쾌락을 느꼈다. 결핍의 불안과 치욕이 얼마나 나를 흥분시키는지 깨달아 가면서 나는 동시에 무척 궁금해졌다.

나는 고객들로부터 좋은 평가를 받고 열렬히 구애받을 때의 감각을 적극적으로 피하고 있었던 걸까? 감상적인 의미에서의 좋은 평가뿐 아니라 두둑한 현금으로 보상받는 좋은 평가를? 알고 보니 그랬다. 나는 피하고 있었다.

나는 고객이 내게 시간당 1,000달러를 지불하게 되면 강렬한 느낌을 맛보게 되리라는 것을 깨달았다. 뺨이 붉어지고 심장 박동은 더 빨라질 것이었다. 나는 또한 그런 정도의 강렬함, 그런 정도로 신뢰받는 느낌, 그리고 기분만 좋은 높은 평가가 아닌, 경제적으로도 높은 평가를 받는 걸 두려워한다는 사실을 깨달았다. 나는 무의식적으로 항상성을 유지하려고 노력하고 있었다. 즉, 나는 이미 익숙하게 느끼던 특정 종류의 감각(대부분은 비참하고 흥분을 식게 만드는 감각)을 어느 정도 선까지만 느끼고 싶어했던 것이다.

나는 낯선 감각을 이전까지와는 다른 낯선 강도로 경험하는 것을 적극적으로 피했다. 코칭비로 누군가 내게 시간당 1,000 달러를 낼 때의 감각 같은 것 말이다.

항상성을 유지하고자 하는 이 무의식적 집념이 나의 '소유(havingness)' 수준이었다.

소유 수준은 가족과 문화의 조건화에 기반을 둔 내면의 각인이라 할 수 있는데 당신이 기꺼이 느낄 의향이 있는 감각의

EXISTENTIAL *KINK*

양과 종류가 이것에 의해 결정된다. 그런데 어느 순간 당신의 어떤 면은 이 수준이 "지나치게 높다"거나 "말이 안 될 정도로 좋다"고 무의식적으로 겁을 먹게 되고, 대개는 대단히 허구적인(하지만 겉으로는 사실처럼 보이는) 이유로 투쟁, 도피 또는 경직의 순환에 빠진다. 내가 여기서 '대단히 허구적인 이유'라고 말한 것은 보통 이 소유 수준에 겁먹는 사람들은 자신이 소유 수준에 겁먹고 있음을, 즉 생생한 감각이 압도하듯 몰려오고 좋은 일들이 지나치게 쏟아지고 있음을 깨닫지 못하기 때문이다. 대신 그들은 자신이 겁먹는 이유가 "내가 구려서" 또는 "세상이 구려서" 또는 "내 파트너가 구려서" 또는 "내 고객이 구려서"라고 생각한다.

즉, 의식적인 마음은 겁먹는 이유를 허구적으로 지어내어 겁의 실제 근본 원인(지나치게 좋은 일들을 피하고 싶어하는 무의식적 욕구)을 철저하게 숨긴다. 이렇게 내면의 각인은 원래 상태를 유지하고, 익숙한 항상성도 유지된다.

사람들의 소유 수준 또는 '상한선' 각인은 카르마와 유년 시절 경험에 따라 가지각색이다. 가령 돈에 대해서는 높은 평가를 받는 게 당연하다고 느끼는 사람이 사랑과 관련해서는 높은 평가를 절대 느끼려 하지 않고, 그 반대의 경우도 마찬가지다. 또는 '귀한 대접을 받는' 모든 감각에 극도로 불편함을 느끼는 사람들도 있다.

당신의 소유 수준은 당신이 '나라고 알고 있는 나'와 밀접하게 연관 있다. 내가 '알고 있는'이라고 말한 것은 정체성 문제에 관한 한 우리 인간은 자기 스스로가 이런저런 사람이라고 의도적으로 '믿는 것'이 아니기 때문이다. 우리는 자신이 어떤 사람임을 그냥 '안다'.

나의 경우, 나는 선의를 가진 사람들이 마음을 여는 방법이라면서 "신념에 의문을 가져보라"고 말할 때마다 언제나 조금 웃는다. 나는 나의 '근본적인 진실'에 의문을 가지는 게 훨씬 더 해방적이라고 생각한다. 나에게 가장 강력한 힘을 미치는 신념은 내가 의식적으로라도 절대 신념이라고 생각하지 않기 때문이다. 그것은 나에게 신념이 아닌, 그저 세상의 이치이자 나의 본질이다.

핵심은, 당신이 지금 '나라고 알고 있는 나'는 스스로에게 얼마나 많은 좋은 것들을 허용할지 규정하는 '허구이지만 정말로 진짜 같아 보이는 청사진'이라는 말이다.

인간은 자신의 정체성을 왠지 분리되고 결핍되어 있는 것으로 열렬히 변호하며, 우리가 사실은 경이롭고 온전한 존재임을 알려주고자 하는 모든 상황들을 뼛속까지 의심한다.

코칭비로 어마어마한 돈을 받는 내 모습을 상상하면서 나는 높은 평가를 받는 감각을 적극적으로 경험하는 연습을 했다. 그러자 심지어 더욱 기이한 것을 알게 됐다. 결핍에 대한 변태적 욕망에 의식적으로, 의도적으로 흥분을 느끼고 내 소유 수준을 높이는 연습을 할수록 충만함이 느껴지면서 결핍, 가난,

굴욕에 대한 변태적인 갈증이 깔끔하게 사라진 것이다. 그냥 떠나버렸다.

나는 빈 통장 잔고를 기분 나쁘게 받아들이는 법을 잊었다. 내 가난은 변태적 욕망으로든 슬픔으로든 더 이상 나와 조금도 관련 있는 것으로 느껴지지 않았다. 이제 코칭비로 어마어마하게 많은 돈을 받는 것에 대해 생각해도 더 이상 불가능하다고 느껴지거나 겁이 나지 않았다. 오히려 흥분이 느껴졌다.

나는 큰돈에 흥분이 식기보다는 달아오르기 시작했다. 이 새로운 종류의 흥분을 느끼며 나는 과거에는 전적으로 피했던, 사업을 키우기 위한 평범한 행동(이메일 리스트 구축 같은)들에 기꺼이 착수하기 시작했다.

과거에는 너무 무섭게 느껴지거나 겁을 집어먹었던 사업 홍보 노력들이 갑자기 간단하고 당연히 해야 할 일처럼 보였다. 나에게는 이러한 단계를 밟을 창조적 에너지가 들끓고 있었다. 나는 사업을 빠르게 성장시키기 위해 내가 할 수 있고 그렇게 어렵지도 않은 일이 내내 존재했다는 사실을 알게 되었다. 내 소유 수준이 바뀌기 전까지는 그것들을 그저 볼 수조차 없었을 뿐이었다. 내 눈을 덮고 있던 베일이 벗겨지는 듯한 느낌이었다.

나는 내 초라한 통장 잔고를 더 이상 개인적인 실패를 알리는 끔찍한 징조나 세상으로부터 미움받고 있다는 증거로 취급할 수 없었다. 돈이 없는 것은 나의 가장 내밀한 혼 — 융이 참자아라고 부른 내면의 온전한 신 — 의 의도적이고, 유쾌하고, 사랑스러운 선택이라는 사실이 확실하게 보였다.

이렇게 몇 달이 지나면서 나는 한 달에 1,500달러가 아닌 1만 달러의 수입을 올리기 시작했다. 안에서 그러하듯 밖에서도 그러하다. 나의 온 세상과 가능성의 지평선이 달라졌다.

나는 여전히 인맥이 화려한 사람은 아니었다. 하지만 소유 수준이 확장되면서 나는 강렬한 감각을 기꺼이 느끼게 되었고 예비 고객들과의 대화에서 이전에는 감히 하지 못했던 방식으로 나를 홍보할 수 있게 되었다.

게다가 이전과는 다른 부류의 고객들이 내게 오기 시작했다. 돈에 대한 소유 수준이 높은 성공한 사업가들이 나를 찾기 시작한 것이다. 결핍과 부족에 대한 그림자적 욕망을 받아들이고 수용하자 내 창조력이 훨씬 유려하게 흘렀다. 그래서 나는 이전에는 가치가 없다고 생각했던 비즈니스 홍보 단계를 밟았고, 그 결과 내 외부의 상황은 극적으로 변했다.

와우.

마법의 기본 금언(헤르메스 트리스메기스투스Hermes Trismegistus의 에메랄드 태블릿에 적힌 "위에서 그러하듯 아래에서도 그러하다. 안에서 그러하듯 밖에서도 그러하다")이 사실이었음을, 내면의 상태가 변하면 외부의 조건이 기적처럼 변한다는 사실을 깨달았을 때 처음(그리고 계속해서) 느꼈던 흥분은 말로 표현을 못 한다.

이 사실이 나에게 극강의 흥분을 안겨주었던 건 내가 비록 아주 오래전부터 마법을 숭배하기는 했어도, 심상화와 확언만으로 원하는 것을 가질 수 있다는 끌어당김의 법칙 추종자들의 주장이 주류의 목소리로 들려오는 것을 접하며 점점 마법이 헛소리가 아닐까 하는 두려움을 막 느끼기 시작할 때였기 때문이다.

왜냐고? 나는 끌어당김의 법칙이 말하는 내용을 언제나 뭐랄까 — 이걸 어떻게 외교적으로 말할 수 있을까 — "완전 어리석다"고 생각하는 쪽이었는데 정확히 왜 그런지를 딱 꼬집어서 말할 수가 없었기 때문이다.

하지만 나는 이제 아주 정확히 꼬집어서 말할 수 있다. 끌어당김의 법칙을 추종하는 일반 무리들이 바보 같이 느껴지는 건 그들이 반만 맞기 때문이라는 사실을 알게 되었기 때문이다.

우리는 진심으로 욕망하는 것을 언제나 진짜로 얻는다. 하지만 대부분의 사람은 우리가 진심으로 욕망하는 것의 상당수가 대단히 불쾌하고, 고통스럽고, 은밀하고, 억압돼 있고, 엿같다는 사실을 자각하지 못한다.

결국 내면의 상태를 바꿈으로써 외부의 경험을 바꾸는 데 제대로 성공하기 위해서는 끝없이 긍정적인 사고만 해서는 안 된다. 당신의 경험과 마음속에 있는 가장 어둡고 가장 뒤틀린 것들을 정면으로 마주하고 그것에 깊은 감사를 느껴야 한다.

대단히 불쾌하고 고통스럽고 기이한 것을 원하는 당신 자신의 변태적 욕망이 얼마나 끝없이 깊은지 보기 시작하려면 큰 용기와 자기 정직성이 필요하고, 부정적인 자기 평가도 부단히 내려놓아야 한다. ("아, 내가 끔찍한 일들을 은밀하게 원한다니! 이건 내가 끔찍한 사람이라는 거야! 끔찍해, 끔찍해, 끔찍해!")

실존적 변태 수업의 첫 번째 공리를 발굴 도구로 삼아, 지금 당신이 삶에서 갖고 있는 게 빈털터리에 가까운 초라한 수입과 통장 잔고라고 가정해보자.

어쩌면 당신은 싫어하는 일을 꼼짝없이 해야 하는 상황에 처해 있을 수도 있고, 적성에 안 맞는 일을 하고 있을 수도 있다. 돈은 많이 벌지만 손가락 사이로 빠져나가는 모래마냥 돈이 순식간에 사라지고 있을 수도 있다.

그리고 대부분의 사람들이 그러하듯, 당신의 어떤 무의식적 면이 이러한 상황을 욕망한다는 것이 조금씩 이해되기 시작했는데, 이 사실에 화가 난다고 해보자.

어쩌면 당신은 속박당하고 무력하고 얽매이는 느낌에 당신의 일부가 그토록 애착을 느낀다는 사실이 잘못됐거나 미친 것 아니냐는 생각이 들 수 있다.

이해한다. 하지만. 결핍의 감칠맛에 비참할 정도로 열렬한 욕정을 느끼는 당신의 소외된 부분이 사실은 아름다운 것이라면? 게다가 그것은 비탄에 잠긴 당신의 에고보다 훨씬 더 재미있는 존재다.

당신의 이 부분은 어쩌다 보니 압박당하는 경험에 매료되어 그것을 사랑하게 된 것뿐이다. 그리고 그 욕망은 당신의 의식이 용납하는 욕망만큼이나 소중하고, 섹시하고, 사랑스럽다.

그러니 깊게 심호흡한 다음 당신의 이 부분이 창조한 압박감에 대한 판단을 내려놓아볼 것을 권한다. 단 몇 분만이라도 당신의 이 변태적인 부분과 온전히 동일시해보라. 딱 3분만, "이 불안에 절은 빈곤자 장면을 나는 허용할 수 없다"는 생각을 내려놓으라.

당신을 지금의 삶과 육체에 막 정착한, 피학적 성향을 가진 거칠 것 없는 우주적 변녀라고 상상해보자. (여기서 변녀는 거칠 것 없이 잘 논다는 뜻의 최고로 긍정적인 의미다!)

그녀 역시 곧 닥칠 재앙 앞에서 심장이 두근거리는 공포를 느낀다. 그리고 그 느낌을 사랑한다.

그녀는 이번 달에 또 먹고 살 방법을 궁리해야 한다는 데서 압박을 느낀다. 그리고 그것에 흥분한다.

그녀는 이 냉정하고 혹독한 세상에서 자신이 지원받을 가치가 있는 사람임을 증명해야 하는 긴장을 느낀다. 그리고 그녀는 몸을 떨고 신음하며 그 긴장을 더 느끼게 해달라고 애원한다.

잊지 말아야 할 점이 또 하나 있다. 그녀는 한쪽으로 급격히 기울어진 이 불공평한 세상을 만드는 데 크게 일조한 악마 같은 기업인들과 정치인들에게 정의로운 분노를 느낀다. 그리고 알다시피 이 지구적 삶에서 날카로운 정의감에 불타는 마음만큼 더 달콤한 건 없다.

당연히 여기에 등장하는, 고통을 사랑하는 우주적 변녀는 당신이다. 하지만 완전히 상상 속의 인물은 아닌 것이 당신은 지금까지 그녀를 억압하고 분리시켜왔다.

당신이 고통을 사랑하는 우주적 변녀라는 걸 내가 어떻게 아느냐고? 우리가 살고 있는 이 물질세계가 명확한 제약, 억압, 중력, 유한성의 세계이기 때문이다.

당신이 롤러코스터 같은 상황에 끌리지 않았더라면 이곳에 육화되었을 리 없다.

자, 이제 당신이 지금까지 흥분을 느꼈던 변태적이고 근본 없고 절박한 빈곤자 장면이 막 끝났다고 상상해보자.

그냥 '펑'하고 사라졌다.

당신을 옭아매어 꼼짝 못 하게 하던 돈의 굴레도 없고, 못된 상사도 없고, 당신이 월급 받을 가치가 있는 사람임을 증명할 필요도 없다.

사실 당신은 부자다. 돈이 썩어나는 부자.

백금으로 코팅한 제트기를 매일 사들이고 그것도 모자라 수십억 명의 가난한 사람들을 재워주고 먹이고 치료해줘도 여전히 돈이 남아나는 부자다.

그 정도로 당신은 화수분 같은 돈을 갖고 있다.

이것을 상상했을 때 어떤 감각이 올라오는지 살펴보라.

어딘가 저릿한가? 혹은 죄책감? 아니면 압도되는 느낌?

어쨌든 이제 당신은 물질적인 제약을 받고 있지 않으므로 모든 가능성에 열려 있다.

어디에서든 살 수 있고, 무슨 일이든 할 수 있고, 어떤 것이든 창조할 수 있다.

그리고 갑자기 부자가 된 당신의 모습에 질투하고 분해하는 사람들이 생길 것이다.

이 모든 가능성과 변화에 압박감이 느껴지는가? 가령, 무거운 책임감 같은?

당신은 이 모든 것에서 벗어나 막대한 부를 자선단체에 기부하고 숲속 오두막에서 살겠다고 결정할 수 있다. 하지만 그것조차 당신이 책임져야 하는 큰 감각적인 결정 아닌가?

결핍과 풍요 모두 대단히 감각적이다.

각각에 동반되는 감각의 맛이 다소 다를 뿐이다.

당신은 부에 동반되는 모든 감각을 경험하겠다고 선택할 수 있지만 그러기 위해서는 결핍에 동반되는 모든 감각을 당신이 얼마나 좋아하는지 명료하게 인식하는 게 먼저다.

왜냐고? 만일 당신이 나는 빈털터리 상태가 너무 싫다고, 또는 공과금을 내는 것에 대한 이 불안을 어서 빨리 없애버리고 싶다고 진심으로 계속 믿는다면, 빈털터리 상태나 공과금 지불에 대한 불안에 계속 매여 있을 가능성이 크기 때문이다. 이유는 간단하다. 당신이 여전히 게임에 완전히 빠져 있어 이것이 단순한 게임이라는 사실을 보지 못하기 때문이다.

당신이 빈털터리인 상태와 공과금에 대한 불안을 얼마나 격렬하게 좋아하는지 일단 받아들이고 나면, 사람을 미혹하는 게임의 주술은 깨지고, 당신은 지난번보다 훨씬 매력적인 판돈이 걸린 새로운 게임으로 끌려들어간다.

당신은 전 세계의 운명을 쥐고 있는 거물 놀이를 하고 있는 거나 마찬가지다.

그래서 나는 앞으로 며칠 또는 몇 주간, 당신이 이미 무의식적으로 창조한 결핍을 진짜 즐기고 여기에서 쾌락을 느껴보길 바란다.

한동안 이런 작업을 한다면, 그래서 당신이 고통을 즐기는 눈부신 우주적 변녀라는 사실에 실제로 전기가 오르는 것처럼 흥분을 하고, 당신의 무시무시한 빈곤 장면이 미학적으로 완벽한 건 둘째 치고 지랄 맞게 멋지기까지 하다는 사실을 실감하게 되면….

그때 수입을 늘리고 재정 상황을 증진시키는 데 도움이 될 만한 행동들을 브레인스토밍brainstorming해볼 것을 권한다.

당신의 괴이한 경제적 고문 장면이 맺은 금단의 열매를 수확할 시간을 스스로에게 허락한 후에는 이 주제에 대한 당신의 창조력이 훨씬 더 발전해 있으리라 약속한다.

자, 이제 생각해낸 행동들을 바탕으로 거절 게임을 해보자.

게임 방법은 당신이 선택한 행동을 서른 번 반복하고 그 과정에서 최대한 많이 거절당하는 것이다.

당신이 선택한 행동이 일자리 찾기라고 해보자. 게임 방법은 당신의 마지막 직장보다 훨씬 좋은 곳 서른 군데에 지원을 하고 최대한 많이 불합격당하는 것이다.

혹은 당신이 컨설턴트라고 해보자. 게임 방법은 원래의 컨설팅 비용보다 두 배 비싼 값에 예비 고객들과 30회 상담을 하고 가능한 한 많은 "안 하겠습니다" 소리를 듣는 것이다.

혹은 당신이 새로운 앱을 개발한 사업가라고 해보자. 게임 방법은 예비 투자자들과 30회 미팅을 갖고 얼마나 많이 까이는가를 세어보는 것이다.

어려울 거 없다. 한 가지 행동. 30번의 반복. 가능한 한 많이 거절당하기. 자, 시작.

그런데.

그렇게 거절당하면 마음이 아프지 않을까?

맞다. 당연히 마음이 아프다. 진짜로 너무나 아플 것이다. 고통을 사랑하는 이 우주적 변녀여.

그러니 하루에 최소 15분간만 따로 떼어서 가슴을 후비는 그 날카로운 "싫어요"에 푹 빠져 즐겨보기를 바란다.

이 게임이 끝날 즈음에는 최소한 몇 번의 "좋아요" 반응을 얻을 가능성이 크다.

그 정도로도 충분하다. 당신은 노력했으니까.

우연히 얻게 된 몇 번의 승리 경험으로 당신의 재정 상황은 좋아질 것이고, 어쩌면 확 필지도 모른다.

아주 좋다. 이제 당신은 부유한 상태의 가학피학성을 즐기는 방법에 대해서도 아니까.

[연습 6] 지복의 행복을 느끼는 방법

(설령 그런 행복을 느끼고 싶지 않더라도)

참혹한 모험의 한가운데를 지나고 있던 절친이 한번은 내게 이렇게 물었다. "캐럴린, 재미있는 얘기 좀 해봐!" 나는 두 눈을 꼭 감고 있는 그녀를 쳐다보며 대답했다. "뭐야, 우리가 언젠간 다 죽는다는 사실만으로는 재미가 부족해?"

충격에 두 눈을 번쩍 뜬 그녀가 깔깔거리며 웃었다.

필멸은 비극이다. 하지만 동시에 죽음은 누구나 피할 수 없는 일이라는 점에서 아주 우스꽝스럽기도 하다. 우리는 우리가 자신의 인격이거나 육체거나 개인사거나 생각이거나 느낌이라고 습관적으로 생각하지만, 이 모든 것은 단순한 내용물에 불과하고 이 내용물은 우리가 죽는 순간 모두 사라진다. 인간의 궁극적인 본질은 삶이 펼쳐지는 맥락 그 자체다.

설령 우리가 죽은 뒤에 후대 사람들이 수천 년간 우리의 성공과 성취를 기억한다 할지라도 결국 우리를 기억하는 마지막 사람 역시 죽을 것이며, 우리에 대한 기억은 애초에 그런 인간이 존재한 적 없었던 것마냥 사라질 것이다.

허영(vanity)이 허영으로 불리는 것은 그것이 헛되기(in vain) 때문이다.

내용물이 아닌 맥락에 더 주의를 기울이는 것이 성장의 핵심이다. 당신이라는 존재의 내용물은 덧없기 짝이 없고 대단히 변화무쌍하다. 당신의 기억조차 끊임없이 변하고 소멸된다.

당신의 첫 키스를 떠올려보라. 그리고 그것을 내일 다시 기억해보라. 내일 다시 기억할 때는 기억의 경험이 아주 사소할지라도 달라져 있을 것이다. 첫 키스에 대한 지금의 기억은 첫 키스를 한 바로 다음 날에 떠올린 것과는 정말 정말 다르다.

내용물은 언제나 사라진다.

하지만 당신이라는 인간의 궁극적인 맥락은 그대로 남아 있다. 맥락은 순수하고 단순한 현존이자 자각이고 의식이기 때문이다. 태양이 수평선 너머로 진다고 죽는 게 아닌 것처럼 그 의식은 죽지 않는다. 불멸의 맥락 안에서 새로운 홀로그램 영화, 즉 새로운 패키지의 내용물이 등장하는 것뿐이다. 새로운 내용물이 당신의 내세 또는 이후의 삶이다. 장면과 캐릭터는 변했다. 하지만 무대는 동일하다.

많은 사람들이 당신의 내세 또는 이후의 삶(젠장, 이번 생의 다음 5분조차도 이후의 삶이지)은 당신이 사실은 내용물이 아닌 맥락이라는 진리를 얼마나 자각하느냐에 달려 있다고들 한다.

내용물에 빠져드는 건 아주 쉽다. 거의 모든 사람들이 자신의 생각, 느낌, 스토리, 걱정, 의심에 완전히 홀린 채 더 나은 내용물을 얻기 위해 애를 쓰며 평생을 보낸다.

하지만 역설적이게도 우리 삶의 내용물은(그리고 어쩌면 내세와 이후의 삶도) 현재 벌어지고 있는 내용물을 전전긍긍하며 바꾸려고 할 때가 아닌, 그 모든 내용물이 드러나는 맥락(자각, 현존)으로서의 나 자신을 더욱 깊게 알아갈 때 폭발적으로 좋아진다.

낡고 좁은 판잣집에서 가구를 재배치하려고 애쓰느니 그냥 대저택으로 이사를 가버리는 것이다. 물론 이것을 직접 행하는 것은 어렵다!

하지만 지금까지 작업한 실존적 변태 기본 과정에서 우리가 한 게 바로 이것이다. 우리는 좋은 내용물만을 원하는 에고의 요구를 일방적으로 들어주는 습관을 내려놓고 모든 것을 찬탄하는, 심지어 우리가 대개는 경멸하는 금기의 내용물조차 사랑하는 참자아의 큰 맥락 속에서 우리 삶의 내용물 전체(역겨운 것을 포함한 상황, 감정, 생각, 스토리 등)를 온전히 경험하는 연습을 했다.

이 연습을 통해 우리는 에로스를 소환한다. 일부 고대 그리스 철학자들과 함께 수학했던 칼데아Chaldea 마법사들은 사랑의 힘 그 자체인 에로스를 텔레타르크teletarche*, 즉 올림포스 신들보다 훨씬 위대한 '이니시에이션initiation의 마스터'라고 여겼다. 에로스 이외의 다른 칼데아 텔레타르크로는 믿음을 뜻하는 피스티스Pistis와 '은폐된 것이 드러났다는 의미의 진리'를 뜻하는 알레테이아Alatheia가 있다.

아마도 에로스는 가장 소환하기 쉬운 텔레타르크일 것이다. 그는 소환되는 것을 사랑하기 때문이다. 가까이 가고, 연결하고 이어주는 것을 사랑하기 때문이다.

---

* 우주를 중재하는 신. 역자 주.

플라톤의 〈향연〉에서 철학자 소크라테스는 자신의 스승인 고급 창부 디오티마 Diotima의 말을 빌려 에로스의 본질에 대해 논한다.

디오티마에 따르면 에로스는 신의 아름다움, 즉 '아름답지도 추하지도 않은 미美'에 대한 숭상을 상징한다. 다른 말로 표현하자면 디오티마는 에로스를 모든 생과 아름다움이 펼쳐지는 맥락, 모든 가능성을 포함하고 있기 때문에 아름다운 형상 없는 맥락에 대한 사랑으로 본다.

실존적 변태 수업에서 특정 주제에 대해 흥분할 수 있게 됐다는 것은 일반적인 아름다움(또는 아름다움의 결여)에 대한 집착을 내려놓는 데 성공했다는 뜻이다. 경험의 내용물에 대한 집착을 내려놓고 아름답지도 추하지도 않은 더 넓은 의미의 미美, 맥락, 당신 자체인 근원의 사랑에 마음을 열게 됐다는 뜻이다.

더 나아가 당신은 단순한 지적 수준이 아닌 깊고 짜릿한 몸의 방식으로 더 폭넓은 아름다움을 받아들이게 된다.

실존적 변태 수업의 이 기본 과정에 익숙해지면, 즉 아주 깊은 차원에서 '추함'에 흥분하여 그것이 더 이상 추하다고 느껴지지 않고 전체의 사랑스럽고 재미있는 일부분으로 인식되면, 당신이 밟아야 할 다음 단계는 당신의 삶이 이미 얼마나 멋진가를 느끼고, 받아들이고, 이 사실에 진심으로 흥분할 수 있도록 스스로를 허용하는 것이다.

맞다. 지금 잘못 들은 게 아니다. 그리고 나는 여기서 식상한 '감사'나 '고마움'을 말하는 게 아니다. 영혼을 뒤흔들고, 심장이 쿵쾅거리고, 성기가 욱신거리고, 가슴이 터질 것 같은 수용에 대해 말하는 것이다.

좋은 일에 흥분하는 건 정말 쉬운 일이 아니냐고 반문할 수 있다. 하지만 실존적 변태 수업에서 이 다음 단계를 '연습'이라고 부르는 것은 우리 인간 대부분이 사실은 삶의 아주 강렬한 쾌락의 감각, 즉 친밀함, 창조적 영감, 시간과 돈으로 가치를 인정받기, 욕망의 대상이 되는 것 등을 어떻게든 회피하려 들기 때문이다.

이 강렬하고 경이로운 감각을 어떻게든 느끼고 싶지 않은 우리는 주로 걱정, 의심, 비판, 불평, 분노, 짜증 등을 사용해 마음을 닫는다.

어쩌면 당신은 이렇게 말할 수도 있겠다. "아니야, 난 아니야. 나는 모든 신나는 감각을 환영해! 더 많이 느꼈으면 좋겠어! 더 중요한 사람이 되고, 더 사랑받고, 더 많은 영감을…"

알겠다.

그런데 당신 '정말로' 그러한가?

그 모든 좋은 일들을 평생토록 바라왔는데도 아무리 손에 많은 걸 쥐어도 그토록 갈망하던 뿌듯하고 영원한 충만함은 여전히 소원하게 느껴진다는 게 약간 의심스럽지 않나?

당신은 지금보다 더 열심히 노력하면, 자기계발을 더 하면, 더 잘 알게 되면, 제대로 된 사람을 만나면, 커리어를 더 번듯하게 쌓으면, 건강을 되찾게 되면 그 충만함을 느낄 수 있게 될지도 모른다고 스스로에게 말한다.

하지만 뿌듯한 충만함이 여전히 소원하게 느껴지는 진짜 이유는 당신이 해야 할 그 일을 아직 하지 않아서가 아니다. 충만함이 소원하게 느껴지는 이유는 당신이 이미 충만함을 느끼고 있음에도 적극적으로(무의식적으로) 그것을 피하고 있기 때문이다. 삶 혹은 우주는 지금 이 순간 당신 삶에 존재하는 상황과 느낌으로 당신의 가장 민감하고 뜨겁고 충만한 스팟을 이미 터치하고 있다.

하지만 당신은 그 뿌듯한 충만감이 지금 여기 이 순간에 존재한다는 사실을 느끼거나 수용하려 들지 않고 심지어 의식적으로 알려고 하지도 않는다. 그렇게 하면 그 모든 걱정과 의심과 불평과 분노가 완전히 어리석은 일이 되어버리기 때문이다.

그럴 수는 없지 않은가?

지금 당장 온전한 충만함을 경험하는 것은 굴욕적이다. 삶이 이 연약하고 쪽팔린 스팟을 정확히 지금과 같은 방식으로 터치해주는 걸 진짜 좋아하는 사람이 바로 당신이라는(적어도 지금 이 순간에는) 사실을 깨닫는 건 원통한 일이 아닐 수 없다.

이걸 인정해버리는 건 마치 결핍과 갈망과 의심의 장대한 오페라가 한창 진행되는 와중에 갑자기 불이 꺼지고 무례하리만치 갑작스레 막이 내려지는 것과 같다. 쇼가 진행되다가 뜬금없이 취소되는 것이다. 얼마나 수치스러운 일인가!

하지만 우리가 부끄러워하지 않고 이 무례하리만치 갑작스런 마무리가 일어나도록 허용할 때, 좋은 것을 가질 수 있는 우리의 역량은 어마어마하게 증대된다. 지금 여기에 이미 존재하는 뿌듯한 충만함을 수용할 때, 지금 이 순간 삶이 터치하고 있는 예민하고 연약한 스팟에서 기꺼이 흥분을 느끼고자 할 때, 기분 좋은 내용물에 접근하는 게 훨씬 더 쉬워지기 때문이다.

대부분 사람들의 소유 수준은 아주 낮다.

소유 수준은 스스로에게 허용하는 감각과 에너지의 양으로서 이 한계선을 넘어가면 당신은 무의식적으로 스스로를 닫아버리는데, 이렇게 닫는 방법은 다음과 같다.

- 걱정하고, 의심하고, 판단하고, 분노하고, 비판적이고, 불평하고, 화내기.
- 사고를 당하고, 논쟁하고, 오해하고, 사기당하고, 끔찍한 기분이나 우울에 시달리기.
- 당신이라는 존재의 익숙한 내용물, 즉 에고, 인격, 육체 등을 바탕으로 하는, 작고 여유 없으며 관성적인 정체성에서 벗어나지 않을 수 있게 면죄부를 주는 모든 행위.

다음 방법을 한번 연습해보라.

잠시 눈을 감고 현재 상태를 충분히 느껴본다.

무언가에 분한 상태인가? 자기 자신이나 타인을 평가하고 있는가? 걱정이 있나? 세계정세를 비판하고 있나? 당신의 몸이나 일이나 삶에 대해 불평하고 있는가?

혹시 이 평가와 불평과 비판과 분노의 유일한 이유가 당신으로 하여금 진정한 행복, 사랑받는 기분, 제대로 대접받는 느낌, 창조적인 영감 등을 느끼지 못하게 하려는 것은 아닐까?

"아니, 아니, 아니야. 물론 나는 비판하고 비평하고 비판해. 하지만 내가 그러는 건 끔찍한 일이 나에게 일어났고, 지금 이 순간에도 전 세계 모든 곳에서 끔찍한 일이 일어나고 있고, 더 끔찍한 일이 언제 일어나도 이상하지 않기 때문이야."

물론 그렇다. 우리 모두는 큰 상처를 입었고, 지금 이 순간에도 사람들은 온갖 종류의 소름 끼치는 방식으로 상처받고 있고, 언제고 갑자기 상처받을 수 있다.

그런데.

이 모든 상처는 맥락의 일부, 오페라의 일부이다. 당신은 상처도 아니요, 감정적인 반응도 아니요, 내용물도 아니다. 그 누구도 아니다. 우리는 모두 맥락, 오페라하우스 그 자체다.

물론 이것은 소화하기가 쉽지 않은 큰 깨달음이다. '위대한 작업'을 이해하고 그 깨달음을 충분히 체화하는 것은 평생을 걸어야 하는 대형 프로젝트다.

하지만 당신은 지금 이 순간 바로 여기에서 시작할 수 있다. 어떤 일이든 그 후방에서 벌어지는 맥락적 과정에 훨씬 더 적극적인 관심을 쏟고 겉으로 드러나는 내용물에 대해서는 신경을 덜 쓰면 된다.

이를 위한 한 가지 방법은 눈을 감고 현재 상태를 가늠한 뒤, 앞서 한 질문처럼 스스로에게 묻는 것이다.

"혹시 이 평가와 불평, 비판, 분노는 나로 하여금 진정한 행복, 사랑받는 기분, 제대로 대접받는 느낌, 창조적인 영감 등을 회피하게 만들려는 목적밖에 없는, 무의미한 기제 아닐까?"

당신이 비참한 기분에 휩싸여 있을 때는 당신이 비참함을 느끼는 내용물이 정말 진짜 같고 중요한 것처럼 보인다.

하지만 그렇지 않다면?

거기에 고유한 의미가 전혀 없다면?

당신이 어떤 문제에 매달려 있건 그것은 그저 당신이 원래 느낄 수 있었던 충만함과 거대한 쾌락에 무감하도록 만드는 수단에 불과하다면?

힌두교 신비주의에서는 궁극의 실재에 대한 주관적인 인식을 삿-칫-아난다 sat-chit-ananda라고 부르는데, 번역하자면 '존재, 의식, 지복'을 뜻한다. (참고사항: 나는 이 세 개의 상태가 '이니시에이션 마스터'인 텔레타르크와 대응한다고 감히 생각해본다. 피스티스는 존재, 알레테이아는 의식, 에로스는 지복).

지난 수천 년간 수없이 많은 요기 yogi들이 존재의 근본적인 속성은 지복(즉 에로스, 쾌락, 즐거움)이라고 주장해왔는데, 만일 당신이 나처럼 이들의 경험을 진지하게 받아들이는 사람이라면 지복이 느껴지지 않을 때마다 당신이 현실과 어떤 관계를 맺고 있는지 의심해볼 만하다.

즉, 당신이 경험한 내용물이 끔찍하게 느껴진다면, 우울하다면, 기운이 쭉 빠진다면, 자기연민에 갇혀 허우적거리고 있다면, 당신이 현실의 어떤 요소를 부정하고, 억압하고, 도망치려 하는지 정말, 진짜로 호기심을 갖고 찾아보기를 권한다.

자신의 소유 수준 알아차리기

나는 당신이 앞으로 일주일 동안 기분이 어떤지, 그리고 그 기분에 동반되는 생각과 인식이 무엇인지 면밀히 관찰해보기를 바란다.

내 경험상 특정 종류의 기분은 특정 종류의 생각, 인식과 짝지어 다닌다. 기분이 바뀌면 생각과 인식 역시 극적으로 달라진다.

이런 방식으로 생각과 감정은 함께 몰려다니며, 인식의 좁은 터널과 상태 의존적 기억*을 형성하는데, 이것은 다시 현실을 더 안 좋은 방향으로 강하게 왜곡한다.

나는 당신이 본인의 왜곡 습관을 민감하게 알아차려 보았으면 좋겠다.

---

* state-dependent memory, 사건이 일어났던 당시에 경험했던 환경과 분위기를 재연하는 것이 회상에 도움이 되는 현상. 편집부 주.

특히 기분이 어떤 식으로든 좋을 때, 가령 누군가가 친밀하게 느껴지고, 상대와 마음이 통하는 것 같고, 에너지가 넘치고, 행복하고, 희망이 생기고, 순조로울 때를 알아차려보라.

그런 뒤 당신이 그 좋은 기분을 정확히 얼마나 오랫동안 지속한 후 걱정과 의심과 불쾌감으로 스스로를 닫아버리는지 알아차려보라.

예를 들어보자.

당신은 친구와 저녁 식사를 하며 아주 즐거운 시간을 보냈다.

대화는 술술 풀렸고, 눈물이 찔끔 날 때까지 웃었으며, 음식은 맛있었고, 기분은 좋았다.

당신은 친구와 마음이 통한 느낌, 친밀함, 유쾌함, 즐거움을 경험했다.

그렇게 저녁 시간은 마무리가 됐고 친구에게 좋은 밤 보내라는 인사를 남긴 후 당신은 집으로 향했다.

귀가하기 위해 차에 탔을 때 가슴은 따뜻한 기운으로 가득했고, 내일은 왠지 즐거운 하루가 될 것 같다는 예감에 설렜고, 현재 진행 중인 프로젝트와 관련해 아이디어가 샘솟는 것을 알아차렸다.

당신의 좋은 기분은 얼마나 오래 지속되는가?

집에 도착했을 때도 여전히 당신은 신나는가?

아니면 집으로 돌아오는 길 어디에선가부터 친구에게 들은, 당신이 원하던 직업적 성공을 막 거둔 지인에 관한 사소한 이야기에 신경이 쓰이기 시작했나?

이 지인에 대해 생각할수록 마음이 울적해지고 부러운 마음이 들기 시작하는가?

지금 하고 있는 일에서 필요한 만큼 실력 발휘를 제대로 하지 못하고 있는 것 아닌가 하는 걱정이 들기 시작하고, 퇴직 계좌에 들어 있는 돈이 어쩐지 좀 빈약하다는 생각이 들고, 부모님이 나이가 들어 간병이 필요하면 어쩌나 하는 불안이 드는가?

당신은 좋은 기분을 더 이상 느낄 필요가 없게 이런 종류의 생각 패턴으로 스스로를 닫아버리는가?

기분이 언제 좋아지는지, 그리고 언제 스스로를 닫아버리는지, 그리고 정확히 어떤 방식으로 닫는지를 잘 알아차려보라.

스스로를 닫아버리는 방법으로 당신이 가장 선호하는 것은 무엇인가? 미래에 대한 걱정인가?

아니면 본인의 가치나 능력을 의심하는 것? 과거의 실수를 후회하는 것? 파트너에게 얄미운 말을 해서 싸움을 거는 것?

정확하게 어떤 방법으로 당신은 스스로를 닫는가? 얼마나 자주 하는가?

당신의 임무는 이 주제에 대해 세계 최고의 전문가가 되는 것이고 마법 다이어리에 이에 대한 생각과 숙고를 기록하는 것이다.

당신이 어떤 방식으로 스스로를 닫는지에 관심을 기울이는 것은 경험의 내용물(상황, 감정, 생각, 문제들)로부터 시선을 떼고,

애초에 그 내용물을 만드는 무의식적이고 미묘한 과정에 집중하는 일이다.

그리고 그렇게 무엇(내용물)이 아닌 방법(미묘한 과정)에 집중할수록 당신은 궁극의 본질인 신성한 참자아(전체 맥락, 자각의 장)로서의 나 자신에 대해 더 잘 알아가게 된다.

내용물로서의 나를 아는 것(에고, 인격, 육체, 생각, 느낌)에서 맥락으로서의 나를 아는 것(순수한 현존, 삿-칫-아난다, 피스티스-알레테이아-에로스)으로 바로 넘어가는 일은 엄청나게 큰 도약이다. 그래서 그 도약을 좀더 쉽게 할 수 있도록 우리는 내용물 아래의 단계, 즉 과정에 익숙해져야 한다.

당신의 경험이 얼마나 미묘한(지금까지 무의식적이었던) 과정에 의해 만들어지는가를 충분히 알고 나면 한때는 너무나 진짜같고 절박하게 보였던 그 내용물, 특히 고통스러운 드라마나 당신 자신(과 세상과 타인)에 대한 제한된 인식에 훨씬 덜 사로잡히게 된다.

그리고 당신 경험의 내용물이 얼마나 철저히 임의적인가를 점점 더 명확하게 깨닫게 된다.

당신은 차차 그것을 심각하게 받아들이지 않게 된다. 가슴은 깃털처럼 가벼워지고(고대 이집트인들에 따르면 이것은 천국 같은 내세를 누리기 위한 전제조건인데, 이들은 분명 마법에 대해 어느 정도 알았음이 분명하다), 가슴이 가벼워지면 결단력 있게 행동하고 무엇이든 받아들일 수 있는 자유가 찾아온다.

알아차리기 연습의 또 다른 일환으로서 나는 당신이 다음의 질문에도 진지하게 관심을 가져보기를 바란다.

일주일 내내 당신이 진짜, 정말로 좋은 기분을 계속 유지한다면 어떤 일이 벌어질까? 안 될 게 뭐가 있나?

"아니 그게, 현실적으로 걱정거리가 있다니까요. 내가 걱정을 안 하고, 스스로를 의심하지 않고, 어딘가 결핍돼 있다는 느낌을 갖지 않으면 난 현실과 동떨어져 있는 건데요."

흐으으으음.

만약 걱정하고, 스스로를 의심하고, 부족하다고 느끼는 것이 당신의 타고난 본성인 고양된 감각과 지복의 높은 에너지 속에서 사는 일로부터 거리를 두기 위해 당신이 이용하는 도구에 불과하다면?

당신이 스스로를 닫아버리지만 않는다면 지금 걱정하는 모든 일들이 생각보다 쉽게 해결되리란 것이 보이는가?

- 흥분되는 느낌, 좋은 기분, 고양된 감각과 에너지 속에 계속해서 머문다면 당신은 직장에서 마법과 같은 능력을 발휘할 수 있다.
- 창조력이 흐르고, 사회적 에너지가 흐를 것이다.
- 당신은 타인과 네트워크를 형성하며 교류하고, 사회적 지위는 상승할 것이다.

- 당신이 스스로를 닫았을 때는 생각나지 않았던 영감과 아이디어가 떠오를 것이다.
- 그러한 영감을 행동으로 옮길 에너지가 있고, 그것으로 훌륭한 것을 만들 것이다. 그리고 그것이 지닌 가치에 자신감을 느낄 것이다.
- 당신의 영감이 담긴 멋진 결과물을 당당하고 거칠 것 없이 세상에 팔면(서비스, 상품, 예술 등의 형태로) 수입이 늘 것이고, 퇴직 계좌나 나이 드는 부모님 수발은 더 이상 문제가 되지 않을 것이다.

이것은 흥분되고 고양된 감각과 높은 에너지(앞으로는 그냥 흥분이라고 줄여 말하겠다) 안에 굳건히 머무는 법을 배우는 것이 사실상 당신이 할 수 있는 가장 책임감 있고 유용하고 현실적인 일임을 보여주는 작은 예에 불과하다.

닫힌 상태일 때보다 흥분된 상태일 때 당신의 생산성, 활력, 인간관계, 창작력은 언제나 더욱 좋아질 것이다.

그런데 왜 우리는 애초에 스스로를 닫아버리는 걸까?

글쎄. 일단 간단하게 대답하자면 우리에게는 그런 종류의 것을 좋아하는 기이하고 웃긴 변태 성향이 있기 때문이다.

우리가 스스로를 닫아버리는 것은 이렇게 닫힌 상태를 사실 은밀하고 소름 끼치는 방식으로 정말 좋아하기 때문이다.

다행인 점은 닫힌 상태에 관해 흥분하는 게 가능하다는 것이다. 이 말이 이상하게 들린다는 것을 안다. 하지만 당신이 할 수 있는 일이다. 가령,

화가 났으면 그 화에 흥분한다.
슬프면 그 슬픔에 흥분한다.
피곤하면 그 피곤함에 흥분한다.
굴욕을 느끼면 그 굴욕에 흥분한다.
슬프면 그 슬픔에 흥분한다.
역겨우면 그 역겨움에 흥분한다.
겁에 질리면 그 겁에 흥분한다.
자기연민에 빠졌으면 그 자기연민에 흥분한다.

당신은 그 어떤 것에 대해서든 흥분할 수 있다.

모든 종류의 '닫힌' 느낌을 포함해 그 어떤 느낌 상태에 대해서든 흥분한다는 뜻은 간단히 말해 그 상태를 있는 그대로 무조건적으로 수용한다는 의미다.

당신의 상태를 있는 그대로 무조건적으로 수용한다는 말은 "나는 나에게 안 좋은 사람이다"가 아닌 "나는 나에게 좋은 사람이다"의 마음으로 그 상태를 받아들이는 것이다.

그러니 당신을 화나게 만든 것에 분노하지 말고 화가 났다는 사실에 흥분해보라.

슬프면 안 된다고 생각하지 말고 슬픔이 가진 부드러운 고양감을 음미해보라.

자기연민에 빠진 스스로에게 짜증을 내는 대신 그 자기연민을 마치 팬이 스타를 사랑하듯 무궁히 너그러운 마음으로 받아들여라. 최애 가수나 배우를 생각하듯 하해와 같은 마음으로 말이다.

내 말의 요지를 한마디로 정리하자면 이렇다. "당신의 감정 상태를 도덕적 잣대가 아닌 미학적 잣대로 바라보라."

이렇게 할 때의 당신은 삶의 심판자가 아닌 삶의 예술가가 되는 연습을 하는 것이다.

시험 삼아 다음번에 슬픈 기분이 들면 그 느낌을 판단하려 들지 말고, 그 슬픔이 세계에서 가장 유명한 예술가가 당신을 위해 제작한 가상현실 경험인 것마냥 있는 그대로 음미해보라.

세계에서 가장 유명한 예술가는 사실 당신이지만 사고 시험을 위해 자기 자신으로부터 조금 거리를 두자. 그리고 베네치아 비엔날레에서 멋진 설치 작품으로 상을 탄 지 얼마 안 된 여성 작가가 "나는 실패자다"의 느낌(또는 아무거나)을 경험하게 해주는 이 가상현실을 당신을 위해 창작했다고 가정해보자.

실패자 느낌이 주는 미묘한 맛들을 음미할 수 있는가? 톡 쏘는 듯한 풀 맛이 느껴지는가? 부드럽지만 알갱이가 씹히는 듯한 질감에 감탄하고 있는가?

이번 새 시즌의 주제인 "나는 실패자다"를 바탕으로 "이번

생은 망했어요"라는 과감하고 프레시한 색채를 사용한 이 정교한 작품에 흥분해보라.

지금 이 순간 느끼고 있는 것을 좋아해보라.

좋은 느낌을 좋아한다는 것을 좋아해보라.

약간 말장난 같겠지만 우리 대부분은 좋은 느낌을 좋아한다는 것을 좋아하지 않으려고 한다.

이제 그것을 바꿔보는 건 어떻겠는가?

[연습 7] 진짜 느낌 느끼는 법 (가짜 느낌 말고)

지그문트 프로이트의 이론은 최근 시대에 뒤떨어졌다는 평을 받는데, 그 이유는 상당히 합리적이다. 가령 아동 발달에 대한 그의 다소 난해한 이론은 보편적인 진실보다는 프로이트 본인의 심리적 문제와 19세기 빈Wien의 정치와 더욱 관련이 깊다.

하지만 프로이트는 우리 인간이 불편한 무의식적 사실로부터 에고를 보호하기 위해 사용하는 방어기제에 대해 몇몇 심오한 통찰을 남겼다. 이것은 오이디푸스 콤플렉스가 더 이상 유효하지 않다고 같이 싸잡아버려서는 안 될 중요한 통찰들이다.

프로이트가 포착한 방어기제 중 아마도 우리가 현재 하는 작업과 가장 관련이 깊은 것은 반동형성(reaction formation)이라 불리는 아주 교묘한 뒤바꾸기 방법이다.

간단히 말해 반동형성은 어떤 상황이 금단의 느낌을 자극했을 때 당신이 그 느낌을 의식적으로 자각하기 전에 에고가 그 감정과 완전히 반대되는 행동을 겉면에 내세우는 기제다. 이렇게 하면 그 금단의 감정을 자기 자신뿐 아니라 다른 사람들로부터 감출 수 있게 된다.

반동형성의 고전적인 예가 전형적인 남자 고등학생 운동선수가 여성스러운 게이 남성을 볼 때마다 역겹다고 느끼고 거칠게 행동하는 것이다. 불쾌감이 실제로 강하게 느껴질 수 있겠지만 그렇다 한들 그의 폭력적인 행동이 여성스러운 게이 남성에게 끌리는 동성애적 감정을 자각하지 못하도록 그의 에고가 기획한 표면상의 행동이라는 사실은 변하지 않는다.

이것보다 덜 노골적인 반동형성의 예는 다음과 같다.

• 아주 조금만 무시당해도 미친 듯이 화가 남

　(모욕을 당하고 싶은 피학적 욕망을 자각하지 않기 위한 일종의 은폐술)

• 누군가를 실망시키면 어마어마한 죄책감을 느낌

　(고통을 주고 싶은 가학적 욕망을 자각하지 않기 위한 일종의 은폐술)

• 사회적 상황에서 매우 불안해함 (사람과 교류하고 친밀감이 생기는 느낌을 비롯해 사악한 공격성을 가리기 위한 은폐술 — 보통 둘 다인 경우가 많다)

• 가족들에게 말도 못 하게 짜증이 나고 이용당한 느낌(사랑과 감사라는 취약한 느낌을 가리기 위한 은폐술)

반동형성의 핵심은 이것이 삶에 대한 반응이 아닌 '반동'이라는 점이다.

진짜 반응할 때 올라오는 감정에는 개방적이고, 서로 통하고, 감동적인 성질이 있다. 화나 슬픔처럼 어두운 감정조차 그것이 진짜라면 새롭고 자연스러운 느낌이 있다.

하지만 무언가를 덮으려는 반동의 감정에는 딱딱하고, 폐쇄적이고, 로봇 같고, 반복적인 성질이 있다.

시간이 지나면 당신은 그 차이를 알아차리고 진짜 감정적 반응을 할 때가 아닌 강박적인 반동형성 상태일 때를 바로 느낄 수 있다.

반동형성이 흥미로운 점은 이것이 우리가 신성의 불꽃임을, 즉 의식은 어떻게 해서든 배척하려는 모든 엿 같은 일마저 빠짐없이 즐기는 성스럽고 행복한 매춘부가 우리 안에 있음을 자각하지 못하게 감쪽같이 억누른다는 것이다.

다시 말해, 우리가 그 모든 반동형성을 사용하는 근본적인 까닭은 모든 것을 순수한 사랑의 마음으로 경험하려는 의지, 본연의 고결함을 숨기기 위해서다.

당신의 무의식에서 가장 억압받고 있는 것은 당신 본연의 절대적 자비다.

에고가 부끄러워하는 모든 것들 중에서도 으뜸은 절대적 자비라서 에고는 당신에게 스스로 받아들일 수 없는 본능적이고 동물 같은 면모(가학-피학적 쾌락, 동성애적 끌림, 또는 근친상간적 끌림

같은)가 있음을 설득하기 위해 (반동형성을 통해) 쇼를 꾸민다.

하지만 이건 절대 사실이 아니다. 당신은 모든 것을 절대적으로 자비로운 마음으로 경험할 수 있고 당신의 절대적 자비로움은 아무리 섬뜩한 야만성이라도 빛나는 현존으로 변성시킬 수 있다.

에고의 문제는 그것이 살아남기 위해서는 반대, 거절, 거부의 감각이 필요하다는 사실이다. 에고는 자신이 삶이라는 하나로 물결치는 기이한 프랙탈 홀로그램으로부터 따로 분리된 존재라고 주장하기 위해 이렇게 말해야 한다. "아니야! 이건 끔찍해! 난 그게 싫어! 안 돼, 저건 내가 아니야!"

물론 이것도 훌륭한 일이다. 게다가 유년 시절의 수많은 생존 상황에서는 이런 게임을 하는 게 현명하다. 하지만 이것은 궁극적으로는 진실이 아니며, 성인이 되어서는 자신을 속박하는 짐이 될 수 있다. 우리의 본질인 신성은 그 어떤 것도, 심지어 극단적인 고통의 경험조차도 거절하거나 거부하지 않기 때문이다.

실제로 가장 감동적인 일부 신화에 따르면 신성은 신의 마음으로 모든 걸 수용하는 모습을 보여주기 위해 극단적인 고통의 경험을 적극적으로 추구하기도 한다.

가령 오딘Odin은 세상의 비밀을 알기 위해 오른쪽 눈을 뽑고 나무에 9일간 매달려 있었다.

하지만 당신 안의 신성이 무언가를 즐기거나 거기서 쾌락

또는 애착을 느낀다고 하여 당신이 그것을 자동적으로 추구해야 하는 것은 아니다.

앞에서 만난 우리의 남자 고등학생 운동선수로 다시 돌아가 보자. 그가 자신이 여성스러운 게이 남성들을 만났을 때 표면적으로 느끼는 역겨움이 반동형성임을, 동성에게 끌리는 어떤 무서운 감정을 가리기 위한 방어기제임을 깨달았다고 하자. 그는 그 끌림이 자신의 육체 안에 존재하도록 그저 허용할 수 있다. 판단하거나 거부하지 않고 그저 알아차리는 것이다. 끌리는 감정을 행동으로 옮기는 게 자신에게 그다지 바람직한 선택지가 아니라고 생각된다면 그러지 않아도 된다. 마찬가지로, 혐오로 몸부림치며 그 느낌을 숨기기 위해 불량배처럼 굴지 않아도 된다.

그러니 만일 누군가를 실망시켰을 때 느끼는 죄책감이 사실은 찌릿한 가학적 기쁨을 은폐하기 위한 것임을 알아차렸다 해도 가족이나 친구를 낙담시키고 고통스럽게 만들기 위해 난동을 피울 필요는 없다.

그저 그 기쁨이 몸속에서 잔물결 치며 올라오도록 허용하고, 그것을 판단하지 않고 있는 그대로 느끼면 될 일이다. 고약한 냄새가 나는 반동적 죄책감의 웅덩이 속에 몸을 던지지 말고, 삶의 흐름 속에서 중심을 잡고 현존하면 된다.

만일 우리가 지금껏 억누르고 있던 무의식적이고 변태적인 신성한 쾌락을 있는 그대로 느낄 수 있게 된다면 우리에게는 결정을 가이드해줄 지성만이 남게 된다. 그리고 이건 정말 좋은 일이다. 반동적인 죄책감보다는 당신 본연의 지성과 의식적으로 선택한 원칙이 윤리적으로 훨씬 좋은 나침반이다.

[연습 8] 나를 너무 진지하게 생각하지 않는 방법

다음번에 갑자기 죄책감이나 분노가 올라오는 게 느껴지면(힌트: 대개는 죄책감과 분노가 쩐득하게 악취를 풍기며 콤보를 이루고 있는 경우가 많은데 이것의 또 다른 이름은 "마음이 안 좋아" 또는 "기분이 좀 그렇네"이다) 이 방법을 사용해보라.

죽이게 환상적이고 사랑스럽고 우스꽝스럽고 과장된 치어리더들이 당신의 혐오스러운 죄책감과 분노를 응원하며 목청 높여 재기발랄하게 응원가를 부르고 있다고 가능한 한 강렬하고 생생하게 상상해보는 것이다.

이들은 춤을 추고 있다. 엉덩이를 흔들고, 꽃술을 흔들고, 위아래로 점프하고, 다리를 활짝 찢었다가 실패하고, 다시 점프해서 올라와 그린 듯한 미소를 짓는다.

이들이 무지개색 반짝이 물감을 사방에 뿌린다. 이들은 모두 드래그 퀸$^{drag queen}$* 일 수도 있고, 작고 땅딸한 오뚜기 모양의 핑크색 코끼리일 수도 있고, 스팽글이 주렁주렁 달린 최고로 얼빠진 옷을 걸친 절친일 수도 있다. 그런 이들이 이렇게 외

---

* 예술, 오락, 유희를 목적으로 여장을 하는 남자. 편집부 주.

치고 있다.

"우리가 어떻게 느끼고 싶다고? 결핍되고 글러 먹었다고!"

"우리가 그걸 언제 느끼고 싶다고? 지금 바로!"

"우~~~후~~~! 바로 그거지! 결핍과 잘못의 팀 힘내라! 힘내라, 힘내라, 힘!"

이것을 아주 멋지게 심상화해보라. 당신도 그들 사이에 껴서 위아래로 점프하고 상상의 꽃술을 흔들며 당신의 엄마가 무엇을 물려주셨든 그 신체 부위를 신나게 흔들면 더욱 좋다.

"우리는 부상을 입었다! 상처 입었다! 다쳤다!"

"우리는 구리다! 그들은 최고 구리다! 우리는 너무 구리다! 그들은 최악으로 구리다!"

"나-나-나-헤이-헤이-헤이 인생은 구리다!"

"예에에에에에에에에이!!!"

방법을 아시겠는가. 여기에 당신의 최애 팝송과 코미디언을 추가해도 좋다. 나는 퀸Queen의 〈We Will Rock You〉를 좋아한다. 가능한 한 미친 것 같고 웃겨 죽겠고 시끄럽고 눈에 확 띄는 치어리딩 팀을 만들어라. 최대한 엽기적으로 보이겠다는 목표로 엉덩이 흔드는 연습을 해라. 무엇을 하든 최고로 엽기적인 엉덩이 흔들기보다 덜한 것에 만족해서는 안 된다.

이 연습을 하면 할수록 나쁜/잘못된/분노의 느낌은 우스꽝스럽고 섹시하고 별난 바보스러움과 결부되는데, 잠깐, 이런 바보스러움이야말로 저 나쁜 기분들의 진짜 본질이다.

치어리더 연습을 한동안 하다 보면 가슴을 싸하게 만드는 죄책감이나 비난의 타이밍이 왔을 때 자동적으로 그게 웃기다고 생각하는 순간이 결국에는 온다.

그나저나, 이것은 사실 아주 심오하고 최고로 진지한 신비주의의 가르침이다.

왜냐고? 단테가 익히 알고 있는 것처럼 삶을 인식하는 가장 유용한 방법은 그것을 '신의 코미디'라고 보는 것이다.

내 말은, 당신은 삶을 비극이라고 인식할 수 있다. 하지만 그러면 우느라 너무 바빠서 일을 해내거나 다른 사람들을 도와주는 게 어려울 수 있다. 하지만 삶을 코미디라고 인식하면 당신에게는 태산도 움직일 수 있을 만큼 강한 풍요로운 에너지가 쏟아진다.

일주일간 치어리더 연습을 열렬히 해보라. 그리고 깨달은 점을 일기장에 써보기 바란다.

[연습 9] 자기 몸에 만족하는 법

지금 당신이 어떤 육체적 고통에 시달리고 있다고 해보자. 혹은, 이보다 좀더 복잡한 경우로 당신이 본인의 육체와 관련해 어떤 감정적 고통에 시달리고 있다고 해보자. 당신은 몸의 생김새가 마음에 안 들 수도 있고, 노화에 좌절하고 있을 수 있다.

이 신체 관리 문제와 자기 몸에 만족을 느끼는 과제는 육화의 여러 면면들 중에서도 확실하게 짜증 나는 부분 중 하나다.

아마도 (다른 모든 것과 같이) 우리 육체가 언제나 변하기 때문에, 매 순간 나이를 먹고 매 순간 조금 더 빈티지가 되어가고 있기 때문일 것이다. 게다가 육체는 언제나 우리와 함께 있다. 회피하기가 어렵다.

내가 지금 여러분에게 간절히 소개하고 싶은 방법은 이 고통(육체적인 것이든 감정적인 것이든)을 덜 개인적으로 받아들이는 것이다. 당신의 고통(육체에 관한 것이든 육체에서 느껴지는 것이든)을 '내 고통'이 아닌 그냥 '고통'으로 생각하는 것이다.

이것이 그냥 '고통'인 까닭은 아무리 끔찍한 고통이라 한들 그것을 느꼈던 사람들이 있고 지금도 있기 때문이다. 지금 당장, 바로 이 동네에, 전 세계에. 이 사실을 생각하면 약간 정신이 번쩍 들기도 하는데 동시에 아름답기도 하다.

고통을 개인적인 것으로 받아들이면, 즉 마치 거기에 나에게만 해당하는 독특한 의미(게다가 나쁜 의미)가 반영되어 있는 것처럼 생각하면 고통은 괴로움이 된다. 물론 괴로움에는 의미가 반영돼 있다. 우리가 고통을 기꺼이 개인적인 것으로 받아들이려 한다는 의미 말이다. 하하!

이렇게 고통을 개인적인 것으로 받아들일수록 우리는 더더욱 괴로워지는데, 괴로움은 괴로워할 더 많은 고통을 생산해내는 놀라운 능력이 있다. 육체적 고통이 괴로움을 낳고, 이것이 더 많은 고통을 촉발하는 사이클은 견고하게 돌아가는 것처럼 보이는 무한루프 중 하나다.

이 루프를 중단할 수 있는 방법은 고통을 개인과 관계없는 것으로 경험하는 연습을 하는 것이다.

고통을 개인과 관계없는 것으로 경험하는 법을 배우기 위한 아주 유용한 도구 중 하나가 통렌Tonglen 명상이다.

통렌은 티베트 불교의 수행법이다. 현재의 달라이 라마는 통렌이야말로 현존하는 가장 강력한 탄트라 수행법이라고 말했다. 어쩌면 당신은 자신과 파트너가 입에서 불을 뿜는 팔 여덟 개 달린 빛나는 신이라고 상상하면서 섹스하는 게 현존하는 가장 강력한 탄트라 수행법일 것이라고 생각할지 모르겠으나, 아니다. 그 위대한 달라이 라마가 말씀하시길 통렌이라고 했다.

통렌은 '받아들이고 내보낸다'라는 뜻이다. 이것은 타인이 짊어진 고통을 내 것으로 받아들이고 행복과 행운, 좋은 바람 등을 타인에게 보내는 수행법이다. 이것이 탄트라 수행법인 까닭은 탄트라의 본질이 결국 에너지 변성이기 때문이다. 이렇게 보면 탄트라는 연금술과 동일하다. 동양의 전통에서 탄트라라고 불리는 것을 서양의 비전에서는 연금술이라고 부르는 셈이다.

통렌은 고통과 괴로움의 에너지를 연민, 연대, 그리고 사랑으로 변성시킨다. 세상에 나와 있는 통렌 수행 방법은 아주 다양하다. 샴발라Shambhala 교사인 페마 초드론Pema Chodron의 아름다운 방법은 온라인에서 쉽게 찾을 수 있다. 내 버전은 다음과 같다.

지금 느껴지는 고통을 알아차린다. 이것은 몸 어딘가에 존재하는 구체적인 통증일 수도 있고, 자신의 육체를 어떤 식으로든 못마땅해하는 데서 오는 감정적 고통일 수도 있다.

잠시 시간을 갖고 지금 이 순간 당신이 느끼는 것과 완전히 똑같은 것을 느끼는 전 세계 수천만 명의 사람들을 상상해보라.

섬유근육통에 시달리는 사람, 위산 역류에 시달리는 사람, 어깨 통증에 시달리는 사람이 수천만 명이다. 몸매와 몸무게와 관련해 수치심과 죄책감을 느끼는 사람이 수천만 명이다. 당신의 구체적인 고통을 공유하는 이 사람들을 마음속으로 불러오라.

당신이 영웅의 마음으로 이 사람들의 모든 고통과 괴로움을 기꺼이 경험하겠노라고 결심하라. 가없는 의지 속에서 한 치의 주저함이나 물러남 없이 모든 감각을 그대로 다 경험하겠다고 결심하라.

천천히 숨을 들이마신다. 숨을 마실 때, 당신과 똑같은 괴로움으로 고통받고 있는 주변 및 전 세계 수천만 명 사람들의 '이 아픔' 또는 '이 수치심'으로 가득한 차갑고 짙고 무거운 연기를 들이마신다고 상상하라.

당신은 그들이 고통을 겪지 않도록 이들을 대신해 고통을 들이마시고 그것을 온전히 경험한다.

이 고통에 대한 모든 저항, 분노, 거부를 내려놓고 고통에 마음의 문을 활짝 연다.

잠시 숨을 참는다. 숨을 참는 동안, 차갑고 독한 연기가 당신의 심장 주변을 감싸고 있는 연한 껍질을 녹이고 있다고 상상한다. 타인의 고통으로 껍질이 녹아버린 당신의 심장은 이제 말랑말랑하고, 속살이 그대로 드러나 있고, 황금빛으로 빛난다.

그 황금빛이 당신이 방금 들이마신 차갑고 시커먼 고통의 연기를 변성하고 정화한다고 상상하라.

천천히 숨을 내뱉는다. 숨을 내뱉을 때 따스한 황금빛 치유의 빛이 심장에서 쏟아져 나와 호흡을 타고 올라와서 당신과 똑같은 육체적 고통과 괴로움을 겪는 전 세계 모든 사람들을 어루만진다고 상상하라.

몇 분간 평소대로 호흡하면서 이웃과 전 세계 사람들이 당신의 맨 심장에서 뿜어져 나오는 황금빛으로 치유되고 따뜻해지고 행복해지는 모습을 심상화한다.

몇 분간 당신과 동일한 불행을 공유하는 모든 사람들이 고통으로부터 자유로워지는 모습을 바라보았다면, 다시 한번 당신이 느끼고 타인이 느끼는 고통으로 가득한 차갑고 짙은 검은 연기를 깊이 들이마신다.

다시 한번 잠시 숨을 멈춘 다음, 당신의 말랑말랑한 맨 심장이 흘려보내는 전류에 의해 짙은 검은색 연기가 황금빛으로 데워지고 정화되고 변성되는 장면을 심상화한다.

다시 한번 숨을 내쉬면서 그 뜨거운 치유의 황금빛을 당신과 동일한 고통으로 괴로워하는 모든 사람들에게 보낸다.

그 모든 사람들이 당신의 심장이 기쁜 마음으로 퍼뜨리는 이 황금빛으로 더욱 치유되고, 더더욱 행복해지는 모습을 관찰하라.

씻어내고, 반복한다.

통렌 한 세션에 들이마시고 내보내는 호흡을 총 열 번 하는 것을 목표로 한다. '들이마시고 내보내는 호흡'부터 정상적으로 호흡하며 타인을 치유하는 상상을 하는 것까지 충분한 시간을 들이라.

일주일 정도 통렌 수행을 하고 나면 힘든 고통이 주의를 끌 때마다 깊고 부드러운 연결감이 느껴지기 시작한다는 걸 알게 될 것이다. 이 깊고 부드러운 연결감 덕에 당신은 본인의 고통을 더욱 평화롭게 받아들일 수 있게 된다. 지금까지 고통이 나만 혼자라는 소외감을 느끼게 했다면 이제 당신은 고통을 이용해 사람들과 더 깊은 연결감을 느끼는 방법을 알게 되었다.

통렌은 그림자 통합 작업을 돕는 수행 방법으로서 대단히 훌륭하고 사실 EK — 이 책에서 설명하는 핵심 연습 — 와도 비슷하다. 두 방법 모두 저항이나 분노나 두려움이나 수치심 없이, 동일한 고통을 지닌 모든 다른 존재들을 대신해 가히 영웅처럼, 유머러스하고 친절한 태도로 모든 고통을 있는 그대로 용감하게 느낄 수 있게끔 용기를 내게 만들기 때문이다.

당신은 이렇게 물을 수 있겠다. "통렌으로 진짜 사람이 치유되나? 내가 내쉬는 황금빛으로 다른 사람들이 치유된다고 상상하는 건 자기기만 아닌가?"

이 질문에 대한 대답은 이렇다. 통렌 수행은 '당신'을 치유한다. 그리고 당신이 치유될수록 당신은 주변 사람들이 더욱 치유되는 것을 알아차릴 것이다. 오직 치유만이 치유를 알아볼 수 있다. ― 안에서 그러하듯 밖에서도 그러하다.

그러니 맞다. 통렌은 우회적으로 타인을 치유한다. 통렌을 수행할수록 고통과 괴로움은 '내가 유달리 잘못되고 나쁘고 가치 없음을 증명하는 나의 고통과 괴로움'이 아닌, 그냥 '고통과 괴로움'으로 경험된다.

고통과 괴로움을 개인적인 것이 아닌 보편적인 것으로 인식하면, 그것은 더 이상 "이런 나라서 고통과 괴로움을 겪어도 싸다"는 것을 증명하지 못한다.

즉, 당신이라서 끔찍하거나 훌륭한 게 아님을 깨닫게 되는 것이다. 당신은 흔해 빠진 양배추처럼 흔해 빠진 인간에 불과하다.

이 말이 "당신은 더 이상 특별하지 않다"처럼 약간 슬프게 들릴 수도 있다. 하지만 역설적으로 당신의 진짜 힘, 진짜 특별함, 타인에게 영향을 끼치고 도움을 줄 수 있는 실제 능력은 자신의 '흔해 빠짐'을 아주 깊은 차원에서 이해하고 즐길 때 나온다.

'개성화'라는 뜻의 individuate는 '나누는 것이 불가능하다'는 뜻의 라틴어에서 파생된 단어다(in은 부정을 뜻하는 not, dividuate는 나뉘다라는 뜻의 divided이므로 individuated는 '나뉠 수 없다'는 뜻이다). 즉, 개성화란 전체가 되는 것을 의미한다. 무엇의 전체? 모든 것을 포함하는 전체다.

개성화가 진행될수록 당신은 나누는 것이 불가능한 통일체(모든 다른 인간과 세상만사가 하나 됨)로서의 자기 자신을 점점 더 깊게 이해할 것이다.

어떤 면에서 지금까지의 생각을 뒤집는 발상이지 않나? 게다가 당신은 '개별(individual)'이 '유일'을 뜻한다고 생각했다. 하지만 아니다. 그것은 '불가분'을 뜻한다. 그런데 기묘한 것은(이미 알아차렸을지 모르겠는데 사실 마법과 관련된 모든 것이 기묘하고, 퀴어스럽고, 비이원적이고, 다면적이다) 통일체와 '흔해 빠진' 인간성은 당신을 통해 자기 자신을 독특하게 표현하려 한다는 점이다. 그리고 바로 그 독특함이 당신의 개성이다.

위대한 현대 무용가 마사 그레이엄Martha Graham은 이렇게 말했다. "어떤 활기, 생명력, 에너지, 태동은 당신을 통해 행동으로 옮겨진다. 그리고 당신이란 사람은 영원히 단 한 명뿐이므로 이 표현은 유일무이하다. 당신이 그것을 막아버리면 그것은 다른 매체를 통해 존재할 수 없게 되므로 영원히 사라진다."

우리를 통과하는 태동을 막아버리는 가장 흔한 방법은 이런 고통과 괴로움을 겪는 게 다름 아닌 내가 끔찍하거나 저주를 받아서가 아닐까 걱정하는 것이다. (즉, 그것에 대해 죄책감을 갖거나 괴로워하는 것이다.)

"당신은 당신이 생각하는 것을 끌어당긴다"고 가르치는 끌어당김의 법칙 때문에 가끔 사람들은 자신과 동일한 불행을 가진 다른 모든 사람들의 고통과 괴로움을 영웅처럼 짊어지게 되면 그 불행이 자신에게 돌아오는 것 아니냐고 걱정한다. 하지만 절대 그렇지 않다.

당신과 동일한 불행을 가진 다른 모든 사람의 고통과 괴로움을 영웅처럼 짊어지는 것은 이미 당신에게 존재하는 육체적, 감정적 감각을 일말의 분노나 저항 또는 주저함이나 거리낌 없이 온전히 마음을 열어 느껴보는 아주 좋은 계기가 된다.

궁극의 차원에서 당신은 필연적으로 '그 모든 다른 사람들'이다.

우리 모두가 해방되지 않는다면 아무도 해방될 수 없다. 의식이 '나쁨'과 '잘못됨'과 '충분치 않음'을 사방에 자발적으로 투사하는 것처럼, 해방 역시 의식이 사방에 자발적으로 투사할 무엇이기 때문이다.

불교의 보살은 모든 중생이 해방되기 전까지는 삼사라 samsara(우리가 알고 있는 세계로, 모든 고통이 도사리고 있는 곳)의 윤회의 수레바퀴를 떠나지 않겠다고 맹세한다. 하지만 이 삼사라의 수레바퀴에서 벗어나는 게 불가능하다는 점이 아주 재미있는 우주적 농담이다. 반야심경에 나오듯 삼사라가 열반이요, 천국이요, 괴로움으로부터 해방이다. 열반이 삼사라다. 지구가 천국이고 지옥이다. 보배는 연꽃 속에 있다. 연꽃은 보배 속에 있다.

옴 마니 반메훔, 옴 아제 아제 바라아제 바라승아제 모지 사바하, 영원토록, 아멘, 알라에게 찬양을, 헤카테^{Hecate}* 만세, 가네샤^{Ganesha}**에게 감사를, 바포메트^{Baphomet}***에게 하이파이브를, 당신의 성 수호천사와 진심 어린 키스를.

이미 존재하는 것에 대해 위축되지 않는 것, 긴장하다 못해 혐오스러워하거나(화내거나) 피하지 않는 것, 있는 그대로 느끼는 것이야말로 당신 내면 깊은 곳에 내재된 신성한 힘과 주체성을 발휘하는 일이고, 이것이야말로 변성과 변화의 힘을 가진 사랑의 의지다.

끌어당김의 법칙 용어로 말하자면 통렌을 하면 실제로 당신은 대단히 영웅적이고 높은 진동수를 갖게 된다.

그리고 피하거나 위축되지 않고 고통을 느끼려는 이 사랑의 의지는 삶의 더러운 경험이라는 차가운 납을 반짝반짝 빛나는 뜨거운 황금으로 바꿀 수 있는, 나뉘지 않고 파괴할 수 없는 비밀 재료인 현자의 돌, 다이아몬드 보디^{Diamond Body}다.

통렌은 자비심을 키우는 방법이다. 자비는 '함께 느끼다' 또

---

* 그리스 신화에 나오는 마법과 주술의 여신. 편집부 주.
** 인간의 몸에 코끼리 머리를 한 인도의 신. 편집부 주.
*** 마녀들이 숭배하는 염소의 모습을 지닌 악마. 편집부 주.

는 '함께 경험하다'라는 뜻이다. 자비는 동정이 아니다. 자비는 사람들을 그들이 선택한 행위의 결과로부터 보호하거나 구해주려고 하지 않는다.

자비란 당신이 느끼는 모든 것이 함께 느끼는 것임을 알면서 삶의 모든 것들을 즐겁게, 온몸으로, 감각적으로 느끼는 상태다.

사실 '함께가 아닌' 상태로, 혼자 느끼는 것은 불가능한 일이다. 그럼에도 우리가 홀로 괴로워할 수 있다는 허상은 여전히 끈질긴데, 통렌은 이것을 녹여버린다.

[연습 10] 사랑 낙제생에서 탈출하는 법

대부분의 사람들이 사랑에 젬병이라는 사실, 적어도 조금은 그렇다는 사실은 보편적으로 인정받는 진리다.

그보다 덜 보편적으로 인정받는 진리는 우리의 파트너(또는 파트너가 없는 것)는 우리가 언제나 무의식적으로 원하는 바로 그 모습을 하고 있다는 사실이다. 이미 내가 무슨 말을 할지 짐작하고 있지 않았는가?

저 우주의 창공에서 한목소리로 울려 퍼지는 코러스가 들리는 듯하다.

"아, 아니에요, 캐럴린. 이해를 못 하시네. 내 파트너(또는 내 전 파트너)가 하는 이런저런 끔찍한 일을 절대 내가 어떤 식으로든 원했을 리가 없어요."

아, 물론 나도 정확히 이해한다. 정말로. 하지만 나 역시 당신이 이 점을 충분히, 그리고 정확하게 이해해주길 바란다. 이해하는 순간 진심으로 충만한 관계를 향한 문이 당신 앞에 활짝 열리기 때문이다.

당신은 바람피우고, 우울해하고, 술 마시고, 설거지를 안 하고, 지구 평면설을 믿는 파트너 — 수천 가지의 가능성 중 당신만의 특별한 변태성이 무엇이든 — 를 원하는 당신의 무의식적 욕망을 통합하고 진화시킬 수 있다.

그러한 깨달음과 통합의 순간이 오면 당신은 현재의 관계에 모든 관심을 잃고 깔끔하게 끝낸 뒤 자유로운 마음으로 더 나은 사람을 찾아 떠날 수도 있고, 아예 반대로 당신 자신과 파트너, 그리고 관계 자체를 아주 좋은 방향으로 발전시킬 수 있다.

멋지지 않은가? 기대해도 좋다.

이 덜 보편적인 진리를 직접 경험으로 깨닫게 된 내 이야기를 들려주겠다. 그다음에 당신이 직접 실천할 수 있는 유용한 방법에 대해 자세히 논의할 것이다. 수년 전 실존적 변태 수업의 원리를 처음으로 발견한 뒤 나는 수입이 대폭 늘었는데, 과연 이 변태적 접근법이 나의 난리 난 애정 사업에도 과연 도움이 될 것인가 궁금해졌다. 당시 나는 질투심 강한, 통제광인 남자와 사귀며 육체적으로 학대를 당하고 있었다. 데이트할 사람을 구하는 게 어려워 크레이그리스트로 만났다고 한 남자를 기억하는가? 잠깐 기억을 되살려보자면 그는 사사건건 통제하려 드는 폭력적인 남자였다. 우리의 관계는 소란스럽고, 드라마틱하고, 위험했다.

하지만 수많은 탐구와 숙고 끝에 나는 내가 사실은 그의 통제와 폭력을 사랑했다는 사실을 깨달았다. 사랑하고, 사랑하고, 사랑했다. 그는 나를 마치 헤로인 하는 사람이 언제나 헤로인에 손댈 수 있게 공급책을 관리하는 것마냥 다루었는데, 이때 느껴지는 내가 중요한 사람이 된 것 같은 기분이 너무 좋았다.

우리가 미친 듯이 싸울 때 나는 숨이 막히고 어질어질한 깊은 압박의 감각을 음미할 수 있었다.

나는 나 자신을 속박하기 위해 그를 이용했다. 그렇게 하면 나를 들여다볼 필요가 없었고 그가 없는 세상을 탐색해야 하는 위험을 감수하지 않아도 되었기 때문이다.

내가 그 관계에서 벗어나지 못했던 것은 한편으로 그 사람과 그의 폭력적인 통제를 원망하는 즐거움이 컸기 때문이다. 다른 한편으로는 내가 끔찍한 사람이라서 이렇게 끔찍한 관계밖에 가질 수 없다고 느꼈기 때문에 만일 내가 끔찍한 사람이 아니게 되면 그때 그를 떠날 수 있으리라 생각했다.

하지만 내가 끔찍한 사람인 한, 나는 그와 관계를 유지하는 편이 나았다. 아무리 소유욕 강하고 폭력적인 사람일지언정 그와 있는 게 외로운 것보다는 좋았으니까.

그래서 나는 끔찍한 사람이 되지 않고자 노력했다. 하지만 소용없었다. 끔찍한 사람이 되지 않고자 노력하는 것 자체가 대개는 자신이 끔찍하다는 사실을 더욱 명확히 방증할 뿐이었으므로.

나는 거대한 미지의 세계를 직면하고 싶지 않았기 때문에 질투심 많은 통제광인 남자와의 억압적인 관계를 이용해 나를 속박하는 게 너무 좋았다.

나는 그에게 묶여 있었다. 나는 내 손으로 본디지를 내 몸에 감고 있었다.

본디지?

내가 본디지를?

나는 인터넷에서 일본의 로프 본디지를 찾아보았고 촘촘하게 꽉 묶이는 경험이 황홀함을 줄 수 있는 행위이며, 어떤 사람들은 이것을 위해 큰돈을 낸다는 사실을 알게 되었다.

그런데 나는 이것을 은유적인 의미에서 하고 싶은 만큼 공짜로 스스로에게 주고 있었다.

마침내 "내가 끔찍한 애이기 때문에 이런 끔찍한 관계밖에 가질 수 없는 거야"라는 논리가 진실이 아님을 자각하게 되자 다음과 같은 깨달음이 왔다. "내가 이렇게 끔찍한 관계에 매여 있는 건 내 무의식이 그만큼 변태적이기 때문이고, 행위 주체 외부의 악마에 의해 광적으로 통제되는 느낌을 내 무의식이 진짜로 은밀하게 좋아하기 때문이다." 이것이 훨씬 더 진실에 가까운 말이었다. 이 진실을 깨닫게 된 순간 내 몸에 거대한 공간이 열렸다.

나는 3과에서 설명한 실존적 변태 기본 명상을 연습했다.

나는 폭력적으로 통제당하는 것에서 느꼈던 무의식적인 쾌감을 의식적으로 느끼고자 했다. 그 쾌감이 나를 흔들고 흠뻑 적실 수 있게 깊이 호흡하며 있는 그대로 깊숙이 받아들였다. 찌릿한 전류가 파도처럼 밀려와 나를 흔들었다. 나는 '흥분'했다.

그러자 얼간이처럼 굴었던 폭력적이고 통제적이었던 그가 더 이상 증오스럽거나 밉지 않았다. 그리고 분노라는 감미로운 접착제가 없어지자 그 관계가 더 이상 재미가 없어졌다.

나는 그에게 작별인사를 했고, 그는 나에게 물건을 몇 개 던졌으며, 나는 인도네시아행 비행기에 올랐다. 자신의 혼자됨에 관해 숙고할 수 있는 아주 좋은 장소인 발리 우붓Ubud의 아파트(엘리자베스 길버트Elizabeth Gilbert, 팁 고마워요)에서 나는 나를 진정으로 성장시키고 변화시킬 수 있는 제대로 된 친밀한 관계를 회피하고자 하는 무의식적이고 억압된 은밀한 욕망이 내게도 있음을 깨닫게 되었다.

나는 내가 사랑에 실패할 수밖에 없는 잔인한 운명을 타고났다고 오랫동안 생각했다. 좋아하는 사람에게 거부당하거나 집착이 강한 멍청이에게 상처를 입을 때마다 내 팔자가 이러니 어쩔 수 없다고 생각했으나 결국 나는 나의 그림자적인 면이 사실상 깊이 충족되고 있었음을 인정했다.

내 경험을 결정짓는 것은 운명(어떤 외부 주체)이 아니었다. 에고의 생각과 맞지 않아 내가 부정해버린 나의 강렬한 욕망, 즉

EXISTENTIAL *KINK*

'내'가 만든 것이었다.

나는 이 성취를 즐기기 위해 내가 할 수 있는 일이라곤 성취가 주는 아름다운 굴욕감을 받아들이는 수밖에는 없다는 사실을 알게 되었다.

성취는 언제나 굴욕적이다. 성취는 우리의 의식적 에고가 규정한 경계 내에서는 절대로 일어나지 않기 때문이다.

굴욕(humiliation)은 흥미로운 단어다. 이 단어의 어원은 땅, 흙이라는 뜻의 라틴어 후무스hummus인데, 이 말인즉슨, 굴욕적이라는 것은 본질적으로 땅으로 끌어내려진다는 뜻이다. 하늘을 높이 나는 소외 판타지에 펑크가 났다는 말이니 땅으로 끌어내려지는 건 창피한 일이다.

나는 수없이 많은 경이로운 굴욕을 받아들인 후, 내 에고는 애초에 절대 성취될 수 없다는 사실을 깨달았다. 에고는 분리와 결핍, 전체에서 외따로 떨어진 독립적인 존재라는 허상에 불과하기 때문이다.

오직 내 전 존재만이 성취될 수 있고, 내 전 존재는 좋은 것만을 원하는 에고의 노골적인 욕망과 균형을 맞출 수 있는 반대되는 것을 주로 원한다.

내 전 존재(변태적인 그림자적 욕망을 포함한 모든 것)는 매 순간 필연적으로 언제나 성취되고 있다. 삶이 나를 고문하는 것처럼 보이는 그 모든 순간에 언제나 이미 존재했던 그 어마어마한 성취를 충분히 즐길 수 있느냐 마느냐는 쯧쯧 혀를 차는 내 의식적 마음의 판단을 내려놓을 의사가 나에게 있는가 없는가의 문제일 뿐이다.

내 비극적인(에고에게 비극적인) 독신 생활이 성취되었다는 이 어두운 진실을 인도네시아에서 충분히 음미하고 난 후, 나는 내면의 굶주린 그림자가 충족되었음을 깨닫게 되었고, 이제는 사랑하는 파트너를 받아들일 준비가 되었음을 알게 되었다. 구체적으로 말하자면 나는 거부당하는 느낌, 상대가 나를 원하지 않는 느낌, 천국으로 가는 문이 코앞에서 잠겨버린 느낌에 흥분하는 법을 배웠다. 그 거부당한 느낌이 어찌나 달콤한지 나는 나에게 매일 그 느낌을 선사하고 있었다. 훌륭한 허구가 언제나 그러하듯 그것은 사람을 홀릴 정도로 매혹적이고 강렬했다.

내 독신 상태(그리고 보답받지 못한 사랑)가 선사한 참혹하면서도 유혹적인 거부의 감각을 대상으로 실존적 변태 연습을 하자 마침내 거부당하는 것에 대해 생각하기만 해도 가슴에서 기쁨의 샘물이 솟아났다. 얼마 지나지 않아 나는 지금은 내 남편이 된 훌륭하고 섹시하고 유쾌한 남자와 사귀게 되었다.

물론 동화는 여기서 끝나지 않는다.

치유는 종종 여러 층으로 나타난다. 나는 나에게 정말 잘 맞는 사람과 친밀한 관계를 맺을 수 있을 만큼 치유되기는 했으나 그 친밀함을 뼛속까지 즐길 만큼은 아니었다. 새로운 사랑이라는 회오리바람 속에서 나는 거부에 쾌락을 느끼는 내 모습을 잊어버리고 말았다.

나는 그 불쌍한 혼자됨을 다시는 겪지 않아도 될 것이라고 생각했다. 그래서 나는 다시 한번 거부당하는 걸 좋아하지 않는 사람이 되기로 했다. 그 결과, 너무나 멋진 인생남을 만나고 난 뒤에도 나는 여전히 관계 내에서 어떻게든 허구적으로 거부당한다는 느낌을 받기 위해 이런저런 방법을 찾곤 했다. 특히 그가 나에게 건방진 톤으로 말할 때가 그랬다.

맞다. 나를 절망적인 분노에 빠트리는 데 필요한 건 고작 그것 하나, 건방진 톤의 목소리 하나였다. 이때 내 변태성은 부스러기라도 하나 주워 먹으려고 진짜 안달복달했던 것 같다. 나는 내 그림자적인 면이 원하는 모습 그대로 파트너가 나타난다는 '덜 보편적으로 인정되는 진실'을 완전히 새로운 차원에서 적용하는 법을 배워야 했다. 나는 그가 나를 밀어낸다고 생각해서 기분이 나빠질 때마다, 이 기분 나쁨에는 진짜 슬픔이 가진 부드럽고, 유려하고, 열린 성질이 없음을 알아차렸다. 나의 기분 나쁨은 딱딱하고, 고착되어 있고, 반복적인 느낌이었다.

실로 "여인은 너무 아니라고 잡아뗐다."(셰익스피어의 햄릿에 나오는 대사. 역자 주)

내가 그의 건방진 톤에 불쾌감을 느낀 건 일종의 반동형성이었다. 거부당하는 것에 대한 내 깊은 무의식적 쾌락과 욕망을 내 의식이 자각하지 못하도록 에고가 얄팍한 저항 쇼를 꾸민 것이다. (반동형성에 대한 자세한 설명은 '연습 7: 진짜 느낌 느끼는 법

(가짜 느낌 말고)'에 나와 있다.)

프로이트가 지적했듯이 인간은 자신의 의식적 마음이 수용 불가능하다고 생각하는 어떤 것에 흥분을 느끼면, 불쾌감과 혐오를 전면에 내세워 그것을 자동적으로 덮어버림으로써 자신이 느낀 흥분을 자각하지 못하게 막아버린다. 내가 거부당하는 감각을 얼마나 좋아했는지 기억해내고 그것을 더욱 잘 느끼도록 스스로 허락하자 그의 건방짐은 정말 섹시하게 느껴졌다. 내 남자는 여전히 건방지다. 그리고 난 그 어느 때보다도 행복하다.

자, 여기까지가 나의 이야기다. 이제 여러분의 이야기를 해보자.

당신의 애정 생활에서 부각되는 모든 이슈에 대해 탐구해보고, 최악의 두려움 목록을 작성해보고, 실존적 변태 연습을 해보라.

또한 당신뿐 아니라 당신의 파트너가 관계에서 어떤 모습으로 등장하는지를 완전히, 조금도 위축되지 말고 있는 그대로 책임져보기를 바란다.

파트너가 관계에서 어떤 모습으로 등장하는지를 있는 그대로 책임진다는 말은 파트너와 영원히 함께해야 한다는 말이 아니다. 심지어 1분도 더 함께 있지 않아도 된다.

다만 드러나는 경험이 의미하는 바에 대해 정말 솔직해지라는 뜻이다.

"하지만 캐럴린, 나는 내 쪽의 일에만 책임을 져야 하는 거 아닌가요? 다른 사람이 맡은 역할에 내가 어떻게 책임을 질 수 있나요?"

그게 가능한 것은 당신이 관계를 맺고 있는 상대가 당신의 프랙탈 홀로그램이기 때문에, 즉 오직 당신의 '주관적 인식'을 통해서만 경험될 수 있는 존재이기 때문이다. 이 말을 제대로 소화시키기 바란다. 가슴으로 이해될 때까지. 당신이 다른 사람을 객관적으로 경험할 방법은 없다.

파트너를 바라보는 당신의 인식이 있고, 당신 친구와 가족이 당신의 파트너를 바라볼 때 가지는 인식이 있으니 이를 물어봐 두 개를 합치면 상황에 대해 보다 입체적인, 객관적인 견해를 가질 수 있다고 생각할 수도 있다. 하지만 여전히 당신 친구와 가족들을 포함한 모든 다른 사람들은 오직 당신만의 주관적 인식을 통해서만 경험되는 것이고, 그 인식에는 당신의 깊고 깊은 무의식적 믿음과 욕망이 짙게 색칠된 필터가 끼워져 있다.

당신은 다른 사람들이 찍힌 사진이나 주변 사람들이 들려주는 그들과 관련된 이야기를 증거로 내놓으며 당신의 주관적 인식 밖에 그 사람들이 존재한다고 주장할 수도 있다. 하지만 이 증거의 가닥 하나하나 역시 당신만의 주관적 인식으로 경험될 수밖에 없다는 사실은 여전하다.

나는 다른 사람들은 존재하지 않는다거나, 실재하는 건 자아뿐이라는 유아론唯我論을 주장하는 게 아니다. 우리는 신성이 꿈꾸고 있는 소위 '물질적 현실'이라는, 모두가 공유하는 꿈속의 독특하고도 똑같이 사실적인 등장인물이라는 게 내 입장이다.

사실 우리는 제약을 받는 시시한 등장인물이 아니다. 오히려 우리 모두는 꿈을 꾸는 이 신성이라 할 수 있다. 밤에 꾸는 꿈에 나오는 등장인물이 사실은 모두 당신인 것처럼 말이다.

그러니 내가 하고 싶은 말의 요지는, 당신이라는 꿈 캐릭터가 이 물질적 차원에서 어떤 의식을 갖고 사는가는 이 깨어 있는 삶이라는 꿈에 등장하는 다른 등장인물들이 어떤 모습으로 등장하는가와 깊게 관련돼 있다는 것이다. 옛날 말은 하나 그릇된 게 없다. "모든 다른 사람들은 우리의 거울이다." 그들은 우리가 사랑하거나 증오하는 자신의 모습을 그대로 반영한다. 이 말이 상투적으로 느껴지는 까닭은 오히려 이것이 불편하고 피할 수 없는 사실이기 때문이다. 우리 인간이 대우주의 축소판인 소우주라는 말은 우리 한 사람 한 사람 안에 모든 것, 모든 가능한 자질들이 들어 있다는 뜻이다.

종류를 불문하고 당신이 일주일 이상 관계를 이어갈 만큼 끌리는 사람이 있다면 그는 특히나 소름 돋을 만큼 정확한 당신의 거울이다.

이 말을 잘 숙고해보라. 사람들이 잘 모르는 의식의 별난 점이 하나 있다. 바로 우리가 어떤 성질을 '어디에선가' 인식할 때마다 우리는 결국 그것을 '사방에서' 인식하게 될 것이라는 사실이다.

그러니 우리가 스스로를 불행하게 인식하면 우리는 분명 '나쁘다' 또는 '잘못됐다'라는 똑같은 인식을 무의식적으로 사랑하는 사람에게 투사하게 될 것이고, (다시 한번 무의식적으로) 그들로 하여금 '나쁘다' 또는 '잘못됐다'라는 인식을 우리에게 똑같이 투사하도록 만들 것이다. 이것이 소위 말하는 악순환이다. 우리의 인식과 믿음의 무의식적 창조력이 생성한 피드백 루프는 객관적 실재처럼 보이지만, 그 겉모습은 사실 우리의 의식 수준이 만든다.

이 피드백 루프를 중단하는 방법은 다른 모든 존재가 나와의 관계에서 어떤 모습으로 등장하든 그것을 온전히 내 책임으로 받아들이는 것이다. 이렇게 하면 우리는 내 안에 존재하지만 지금까지 무시해온 자질과 욕망들을 검토하고 통합할 수밖에 없게 된다. 존 디마티니John Demartini는 이것과 궤를 같이하는 탁월한 통합 방법을 자신의 책 《돌파구 경험》(Breakthrough Experience)에서 소개하고 있는데, 당신도 꼭 해보기를 바란다.

디마티니의 '돌파구 경험' 과정은 대단히 철저하다. 당신 삶에서 영향력 있는 사람 한 명(가령 엄마나 남편 같은)을 정한 다음 그 사람의 좋아하는 점과 좋아하지 않는 점을 모조리 적는다. 그리고 당신에게도 바로 그러한 점이 똑같은 정도로 있다고 말해줄 사람들을 최소 몇 명 적는다.

그런 다음, 당신이 좋아하지 않는 점을 가진 다른 사람이 실제로는 당신에게 득이 된 경우와 그것과 똑같은 자질을 가진 당신이 다른 사람에게 득이 된 경우를 써본다. 다 썼으면 이번에는 다른 사람이 가진 좋은 점 때문에 실제로는 당신에게 해가 된 경우와 그것과 똑같은 자질을 가진 당신이 실제로는 다른 사람에게 해가 된 경우를 써본다. 휴.

이런 작업을 하고 나면 내가 옳다는 독선적인 태도를 유지하는 게 놀라울 정도로 불가능해진다. 내 삶에 등장한 다른 사람들이 사실은 나의 자질들을 반영하고 있음을 이렇게 검토하다 보면 우리의 인식과 믿음이 가진 무의식적 창조력을 실감하게 되고 이것을 의식화하기 시작한다.

내가 이 부분을 좀 장황하게 설명하고는 있지만, 당신의 무의식이 만들어내고 있는 세상과 관계의 양상을 온전히 자기 책임으로 받아들이지 않는 매 순간마다 당신이 얼마나 광대한 힘을 잃고 있는지를 잠시나마 꼭 생각해보기를 바란다.

여섯 종류의 존재에 관한 우화

불교 우화 중에 허구를 창조하는 의식의 기능을 상당히 잘 설명한 이야기가 있다. 17세기 티베트 승려인 나왕 쿤가 텐진 Ngawang Kunga Tenzin이 소개한 우화는 다음과 같다.

EXISTENTIAL *KINK*

궁극적으로는 오직 마음만이 존재한다. 하지만 망상과 카르마 때문에 마음은 다종다양한 모습으로 현현한다. 이것은 여섯 종류의 존재가 물을 각기 다르게 인식하는 것과 유사하다. 사실 물의 실체는 단 하나다. 하지만 여섯 종류의 존재가 함께 강독에 모여 물을 바라본다면 물은 각기 다르게 보일 것이다.

뜨거운 지옥에서 온 존재는 그것을 불타는 강으로 볼 것이고, 차가운 지옥에서 온 존재는 그것을 눈과 얼음으로 볼 것이다. 아귀로 알려진 굶주린 망령은 물을 피와 고름으로, 물속에 사는 동물은 그것을 거주지로, 육지에 흩어져 사는 동물은 그것을 마시는 것으로 볼 것이다. 인간 역시 물을 마시는 것으로 볼 것이며 그에 따라서 물을 식수와 식수 아닌 것으로 나눌 것이다.

아수라라고 불리는 반신반인은 그것을 무기로 볼 것이고 신은 그것을 넥타르Nectar(불로불사의 감로)로 볼 것이다. 그러니 우리가 물이라고 인식하는 것을 각각의 존재는 그들만의 카르마에 따라 다르게 인식하고, 따라서 물은 여러 모습을 띠게 된다. 이것이 바로 마음의 카르마적 인식이다. 궁극적으로 세상은 외부에 존재하지 않는다. 그것은 마음의 투사에 불과하다.

— 《마하무드라의 장엄한 인장 1권》 (The Royal Seal of Mahamudra, Volume One)

우리는 불교의 '여섯 종류의 존재' 우화를 있는 그대로 설화로 받아들일 수도 있고, 우리가 사는 동안 또는 하루를 보내는 동안 혹은 특정 경험 시기 동안 겪을 수 있는 의식의 수준을 은유적으로 표현한 이야기로 볼 수도 있다.

굶주린 망령의 사랑

물론 굶주린 망령은 강을 피와 고름의 형상으로 보고 싶다고 의식적으로 생각하지 않는다. 고통스러울 정도로 목이 마른 그는 눈앞에 강물이 흐르면 좋겠다고 생각하지만 정작 그는 무의식의 요구에 완전히 사로잡혀 인간의 의식이 결여되어 있기 때문에 바로 눈앞에 있는 물을 단순히 볼 수가 없다.

많은 사람들이 사랑에 있어 이런 굶주린 망령과 같다.

사랑스럽고 사랑할 수 있는 존재가 사방 천지에 있는데도(어쩌면 이미 같이 살고 있을 수도 있고!) 갈증을 해소시켜줄 그들의 경이로움을 제대로 못 볼 때가 많다. 습관적으로 그들을 보던 대로만 보려 들기 때문이다.

다시 말해 우리는 파트너나 예비 파트너를 자신이 원하는 어떤 성취를 주지 않는 존재로 볼 수도 있지만, 사실 자신의 의식이 무엇을 인식할 것인가를 선택하는 주체는 오직 나 자신에게 있다. 맑은 물, 심지어 신의 넥타르를 볼 수 있는 강에서 피와 고름이 떠내려가는 혐오스러운 모습을 보도록 스스로를 속일 수 있는 사람은 오직 자기 자신뿐이다.

물론 자신에 대한 인식도 마찬가지다. 당신은 자신에 대해 스스로에게 무언가를 주지 않는 사람 또는 스스로를 작아지게 만드는 사람이라고 보는가?

당신은 과거의 행동이나 현재의 몸 상태 또는 하는 일의 수준 등 당신의 어떤 면이 스스로를 제약하고 성취에 목매게 만든다고 생각하는가?

만일 그 인식이 완전히 날조된 것이라면? 사실 당신은 소원을 이뤄주는 보석이라서 언제든 온갖 종류의 멋진 만족을 만들어낼 수 있는 존재라면?

이것을 확인할 수 있는 유일한 방법은 당신의 인식을 바꾸는 것이고, 당연히 인식은 우리의 습관적(이라고 말하는 무의식적)인 태도에 의해 결정된다.

인식을 바꾸는 가장 효과적인 방법은 지금까지 무의식의 영역에 묻혀 있던 인식의 과정을 의식화하는 것이다. 이미 존재하는 성취를 우아하게 축복함으로써 축복과 성취의 태도를 무의식에 심는 것이다.

1부에서 설명한 실존적 변태 기본 연습이 바로 그것이며, '최악의 두려움 목록'은 상태 유지에 도움이 된다.

실존적 변태 수업을 통해 변성되는 굶주린 망령

앞서 말한 강독의 굶주린 망령이 위대한 보살의 어떤 예상치 못한 축복을 받아 자신을 온통 갉아먹던 괴로운 기갈에 대한 걱정을 잠시 내려놓고, 유유히 흘러가는 피와 고름의 끔찍한 장관을 있는 그대로 감상하고 즐기면서 이 광경이 사실은 본인의 무의식적 인식이 만들어낸 것임을 깨달았다고 상상해보자.

굶주린 망령은 강둑에 앉아 자기 마음의 역겹기 짝이 없는 힘을 기쁨과 경이에 차서 진심으로 감탄하며, 피와 고름이 흐르는 악취 나는 강을 걸리는 마음 하나 없이 있는 그대로 찬미한다. 이것이 자신의 무의식적 창조력이 이뤄낸 놀라운 성취임을 기뻐하는 것이다. 그 성취가 주는 경이로움을 즐기느라 그는 잠시 배고픔과 고통에 대한 자신의 집착을 잊어버리고 감탄만 나오는 자신의 창조에 깊은 만족감을 느낄 뿐이다.

만일 굶주린 망령이 이렇게 한다면 그는 빨리 인간이 될 것이고 그의 인식이 바뀌어 사랑스러운, 마실 수 있는 물을 보게 될 것이다.

왜냐고? 만일 굶주린 망령의 눈에 자신이 이미 인식하고 있는 결핍만이 들어온다면 그는 '결핍만을 계속 보게 될 것'이기 때문이다. 이게 바로 악순환이다.

이와 마찬가지로 애정 전선이 풍요롭게 흘러가지 못한다는 결핍만이 당신의 눈에 들어온다면 당신은 '결핍만을 계속해서 인식하게 될 것'이다.

당신은 어떤 면에서 부족한 파트너를 경험하게 될 것이다. 또는 자신에게는 아예 파트너가 결핍되어 있다고 인식할 것이다. 하지만 자가 확인(self-confirming)되는 성취의 메커니즘이 언제나 완벽하게 순환하며 작동하고 있었다는 것을 굶주린 망령이 자각하는 순간, 그는 성취가 결핍보다 훨씬 더 현실적이라는 사실을 인식한다.

그는 결핍이 존재한다고 생각했지만 실은 자가 확인의 원리로 언제나 작동 중인 성취의 메커니즘이 그가 인식한 결핍을 그대로 성취해준 것뿐이다! 성취가 결핍보다 더 현실적이라는 사실을 굶주린 망령이 일단 인식하게 되면 사방에 존재하는 성취가 그의 눈에 들어오기 시작한다. 무언가를 '어디에선가' 인식한다면 결국 우리는 그것을 '사방'에서 인식하게 될 것이기 때문이다. 그게 우리 의식의 별난 점이다.

이제 굶주린 망령은 강을 자신의 갈증을 해소시켜줄 물로 인식할 수 있게 되며, 그의 의식이 가져다준 이 변성과 함께 그는 인간이 된다.

인간이 된 이 등장인물은 심지어 운이 더 좋다. 이제 그는 현실의 성취를 인식하는 눈을 세상 모든 것으로 확장하는 연습을 의도적으로 할 수 있을 만큼 자유롭고 자각한 상태이기 때문이다. 그는 수행을 통해 세상을 완전하게 완벽한 것으로 인식하는 수준까지 발전할 수 있다.

이것이 위대한 작업, 마하무드라의 성취다. 이것이 우리가 물을 와인으로, 또는 넥타르로 바꾸는 방법이다.

당신이 원하시는 대로.

"깨달음은 빛의 형상을 상상한다고 얻어지는 것이 아니라, 어둠을 의식화했을 때 이루어지는 것이다"라고 우리의 오랜 친구 융은 자주 말했다.

지금쯤이면 다 알겠지만 나는 융의 이 견해에 전심으로 동의한다. 이것이야말로 이 책 내내 우리가 연습한 내용의 핵심이다. '어둠을 의식으로 만드는' 작업은 끝이 없는 프로젝트지만 그래도 깨달음을 지금 이 순간에 즐겨보는 건 재미있는 일이다.

당신은 궁금할 수 있겠다. 내가 원하는 것을 얻는 것, 나만의 경험을 창조하는 것과 깨달음이 무슨 관계가 있는가? 깨달음이 마법과 무슨 관계가 있는가?

간단하게 말하자면 모든 마법의 종착역은 결국 깨달음이다.

마법은 결국 무의식의 숨은 진실과 소통하고 이를 통합함으로써 존재의 오랜 방식을 녹이고 새로운 가능성을 여는 것이다. 그리하여 세상을 만드는 원리의 시적인 비유, "위에서 그러하듯 아래에서도 그러하다. 안에서 그러하듯 밖에서도 그러하다"의 벅찬 진실을 스스로 발견하는 것이다.

물리적 세계 전체와 그 세계에 속한 당신의 육체가 무의식의 영역이라는 말을 잠시 숙고해보자.

그렇다. 당신은 물리적 세계를 자각하고, 감각을 통해 그것을 인식할 수 있다. 그런 면에서 물리적 세계는 '의식적'이다.

하지만 밀물과 썰물의 흐름이나 당신 몸에 흐르는 피를 당신은 얼마나 의도적으로, 개인적으로 조정할 수 있는가?

이 과정은 대개 저절로 일어나는 것처럼 보이지 않나? 당신은 그것의 이유와 방법과 진행 방향을 알지 못한다. 사실 조수나 혈류의 이유와 방법, 진행 방향은 개인이 선택할 수 없는 외부의 힘에 의해 지배되는, 대부분 '미지'의 영역 또는 '무'의식의 영역이라 할 수 있다.

당신이 자고 있는 동안에도 피는 흐르지 않나? 밀물과 썰물은 당신에게 타이밍을 묻지 않고 자기 혼자 들어왔다 나가지 않나? 무의식을 의식으로 만든다는 것은 모든 경험이 얼마나 비개인적이고 상호의존적인지를 개인이 자각해가는 과정이다.

또한 이 '자각해가는 것'은 세상 전체가 당신의 연장된 육체이고 당신의 영혼은 세상의 영혼인 아니마 문디라는 사실을 발견하고 기억하며, 다시 제 것으로 만드는 과정이기도 하다.

하지만 이것이 자신이 원하는 바를 얻는 것과 정확하게 무슨 관계가 있는가? 좋은 질문이다.

언제나 마법의 신은 기존의 경계를 넘나드는 트릭스터 trickster* 신이다. 당신은 원하는 것을 얻지만 그 과정에서 변하는 건 방정식의 '당신' 부분이다. 그리고 이건 절대 나쁜 것이

---

* 전 세계 신화와 민담에서 등장한다. 도덕과 관습을 무시하고 사회 질서를 어지럽히는 장난꾸러기 같은 존재인 동시에 기존 체제에서 벗어난 행동을 하여 문화 영웅이 되기도 한다. 상반되는 특징을 모두 가지고 있는 양의성兩義性 때문에 다른 세계의 매개자, 지혜와 변혁의 상징으로 여겨진다. 편집부 주.

아니다. 결국 당신은 수세에 몰린 작은 에고 자아와의 동일시를 점점 멈추고 모든 현실, 모든 육체, 모든 시공간에 거하는 참자아가 자신이라는 사실을 점점 더 깊게 깨닫게 된다.

이것이 깨달음의 과정이다. 그러니 한 번 씩 웃고 잘 음미해 보라.

[연습 12]

고문의 기술을 제대로 이해하여 다른 사람 고문하는 걸 멈추기

실존적 변태 연습에서 흔히들 걸려 넘어지는 부분이 자신뿐만 아니라 다른 사람에게도 부정적인 영향을 주는 습관이나 행동에 대해 연습할 때다. 어쨌든 우리는 영적이고 민감하며 성장지향적인 사람인 만큼 다른 사람들에게 상처를 주고 싶어하지 않는다.

하지만.

수치나 죄책감 때문에 그러한 패턴을 즐기지 못하고 수용하지 못한다면 당신은 그 패턴을 계속해서 반복하게 될 공산이 크다. 해당 패턴을 추동하는 그림자적 충동은 계속 억압된 채로 머물러 있을 것이고, 욕망은 온전히 인정하고 즐길 때보다 억눌렀을 때 행동을 유발하는 힘이 훨씬 더 크기 때문이다.

영적이고 성장지향적인 사람들 사이에 흔한 예가 하나 있다. 당신이 모든 약속에 언제나 30분 정도 늦는다고 해보자.

자, 당연히 지각은 당신에게 부정적인 영향을 끼친다. 창피한 일이다. 지각하는 습관 때문에 일자리를 잃을 수도 있고 관계가 파토날 수도 있다.

하지만 이것에 대해 EK를 하다 보면 당신은 언제나 늦고 싶어하는 자신의 강박 기저에 다른 사람들을 기다리게 만들고 싶고, 다른 사람보다 자신의 욕구를 더 우선시하고 싶고, 나를 중요한 사람으로 만들고 싶은 그림자적 욕망이 있음을 알아차리게 된다.

당신은 스스로에게 이렇게 말할 수 있다. "아 너무 이상하잖아. 난 이런 거에 흥분 못 해. 여기서 내가 흥분하면 난 완전 반사회적이고 자기애적 인간이 되는걸."

하지만 이 말은 틀렸다. 우리 사회에서는 반사회적이고 자기애적인 행동을 가리켜 구분 없이 "부끄러움을 모른다"고 말하지만 진짜 반사회적 자기애를 가진 사람들은 신경증적 수치심에 짓눌린 나머지 자신이 다른 사람에게 미치는 영향을 감정적으로 공감하지 못하고 심지어 다른 사람과 소통하고 싶다는 본인의 진짜 욕망조차 느끼지 못한다.

이렇게 공감이 결여된 것은 진짜 부끄러움을 모르는 것(이것은 해방적이며 가능성을 열어젖힌다)과는 '정반대'다. 오히려 공감을 못하는 것은 수치심에 압도되어 자신을 닫아버리고 스스로를 마비시킨 결과다.

다른 사람을 불쾌하게 만드는 패턴에 대해 흥분한다는 것은 해당 상황에서 느껴지는 감각과 그 기저의 인간적 욕망을 진짜 부끄러움 하나 없이 온전히 있는 그대로 느껴본다는 뜻이다.

다른 사람들을 기다리게 만들고 싶다는 욕망은 '권력에 대한 욕망'이다.

이와 유사하게(당신에게 있을 수 있는 다른 일반적인 패턴을 말해보자면) 파트너의 관심을 끌려고 싸움을 거는 욕망, 소셜미디어에서 사람들을 조리돌림하는 욕망, 직장에서 기선 제압을 위해 동료를 헐뜯는 욕망 모두 권력에 대한 욕망이 우회적으로 튀어나온 것이다.

이러한 권력 욕망, 주변 세상에 영향을 끼치고 중요한 사람이 되고 싶다는 이 욕망은 대단히 정상적이고, 사랑스럽고, 흔해 빠진 인간의 욕망이다. 당신에게 이러한 욕망이 있다는 사실은 당신이 그렇게 악마 같은 인간이라는 뜻이 아니다. 당신이 다른 사람들과 똑같은 인간이라는 뜻이다.

자신의 권력욕이 아주 멋질 뿐 아니라 진짜 놀라울 것 하나 없는 평범한 욕망이라는 사실을 받아들이지 못할 만큼 겸손하지 않은 인간들은 보통 수동공격적(passive-aggressive)인 행동이 촘촘하게 수놓아진 '좋은 사람' 페르소나로 이것을 숨기거나 억누른다. 혹은 이 기본적인 욕망을 거창한 억울함과 섞어서 "모든 악의 무리들을 처단할 수 있도록 나는 권력의 정상에 서야 한다! 나는 최후의 방법(Final Solution)을 시행할 것이다!"라는 식의 아무 논리 없는 합리화를 스스로에게 부여한다.

혹은 이 두 기제를 다 사용하는 사람 중에는 평생 '법 없이도 살 수 있는 착한 남자'였던 자신이 잔인한 여성들의 꾐에 넘어가 이렇게 됐다며 이 여성들을 벌하기 위해서는 다 죽여야 한다는 식의 선언문을 쓰고 무차별 총기 난사를 하기도 한다.

인간적인, 너무도 인간적인 권력욕에 대한 모든 비인간적인 반응은 그 자연스럽고 아름다운 충동을 무감함으로 왜곡하는 결과를 가져오는데, 영웅의 진정한 권력이 사람들에게 영감을 주고 사기를 고양시킨다면 이러한 마비는 사람들을 짓누르고 제압한다.

만일 당신이 지금까지 억눌려 있던 권력 욕망을 과감하게 내 것으로 인정하고 받아들임으로써 '의도치 않게' 다른 사람들에게 불편을 끼치거나 불쾌감을 주며 은밀히 즐겼던 강렬한 쾌감을 의식적으로 음미한다면, 당신은 자신에게 이런 욕망이 있다고 하여 파시스트 살인자가 되는 게 아니라는 사실을 알게 될 것이다.

오히려 이 덕분에 당신은 내 것과 완전히 똑같은 권력욕을 가지고 있는 세상의 모든 다른 끔찍한 인간들이 자신과 다르지 않다는 사실을 연민하게 된다. 또한 묶여 있던 의식과 에너지가 해방되기 때문에 권력욕을 비뚤어지고 수동공격적이고 분노에 찬 방식으로 표출하는 대신, 어떻게 하면 자신의 힘을 멋지고 활력 있게 세상에 발휘할 수 있는지 그 방법을 찾기 시작한다.

빛 어둠 인스티튜트(Light Dark Institute)의 타니 쏠Tani Thole과

레슬리 로저스Leslie Rogers가 내게 전해준 놀라운 통찰 중 하나는 사디즘이 꼭 고통을 가하고 싶은 욕망일 필요는 없다는 것이다. 그것은 '감각'을 선사하고 싶은, 누군가에게 느끼게 해주고 싶은 욕망이다.

그러니 만일 당신이 본인 스스로와 주변 사람들에게 부정적인 영향을 끼치는 수동공격성 패턴을 해체하는 작업을 한다면, '다른 사람들에게 선사하면 분명 재미있을 것 같은 바로 그 감각'을 주지 않기 위해 당신이 어떤 방식으로 몸을 사리는지 살살이 찾아보길 바란다.

가령, 당신이 언제나 지각을 한다고 해보자. (그리하여 다른 사람들에게 불만의 감각을 선사한다.) 이것이 일종의 보상인 까닭은 본인의 섹시함이나 배꼽 빠지게 하는 엉뚱한 유머처럼, '사실은 다른 사람들로 하여금 느끼게 만들면 정말 재미있고 신날 것 같은' 감각을 절대 그들에게 선사하려 하지 않기 때문이다.

이 경우 일단 당신이 지각한다는 사실을 즐기고 이에 흥분한 다음, 벌레스크burlesque* 댄스 수업이나 스탠드업 코미디 수업에 등록해라.

입이 떡 벌어지는 당신만의 활기와 스타일로 관객을 휘저어 그들의 감각을 온통 깨우는 법을 배워라. 혹시 당신이 사람들에게 선사하고 싶은 진짜 감각이 고통이라면 BDSM 그룹을

---

* 벌레스크는 20세기 초반 코미디, 연극, 스트립쇼가 혼합된 장르이다. 성적인 웃음을 유발하는 콩트 혹은 누드까지는 이르지 않는 여성의 매력을 강조한 춤을 포함한 쇼를 말한다. 편집부 주.

찾아 합의하에 때려줄 파트너를 구하라.

더 크고 더 과감한 게임을 하길 바란다. 당신이 선사하고 싶은 방식 그대로 사람들에게 감각을 줄 수 있는 방법을 찾아라. 본인과 다른 사람들 모두 즐길 수 있는 방법으로 그들이 당신의 중요성과 위대함을 느끼도록 하라.

그것을 순수 예술로 만들라.

최고의 예술가들과 가장 강력한 지도자들은 고문의 대가다. 그들은 우리에게 깊은 감정을 느끼게 하고, 금기를 드러내고, 우리를 기대와 놀람, 깨달음의 거의 견딜 수 없는 감각들로 인도한다는 의미에서 숙련된 고문관이다.

당신의 문제는 당신이 사람들을 고문한다는 게 아니다. 고문을 충분히 즐겁게 하지 않는 게 문제다. 그러니 사람들을 고문한다고 수치스러워하지 말고, 당신이 이미 선사한 모든 감각에서 쾌락을 느끼고, 그들을 어떻게 하면 훨씬 더 능숙하게, 더욱 아름답게, 잘 합의하며 고문할 수 있을지를 배우라.

【연습 13】 재미도 있고 돈도 딸려오는 '멋진 것을 무서워하는' 법

이 책은 마법 공식인 '용해와 응고(solve et coagula)' 중 대단히 중요하지만 사람들이 잘 모르는 '용해' 부분을 중점적으로 다루고 있다. 여기서 소소한 '응고' 방법 하나를 여러분께 소개하겠다.

현실 마법에서 말하는 대부분의 지침을 보면 노력하면 결과가 좋을 것이라고 신념이나 믿음을 가지라고 격려한다. 하지만 만일 당신이 나처럼 긍정적인 결과를 기쁜 마음으로 믿는데 영 꽝이라면?

당신의 두뇌가 냉소와 두려움에 맞춰져 있다면? 지금까지의 인생이 너무 굴곡져서 갑자기 아무 이유 없이 모든 게 장밋빛으로 변한다는 걸 믿기가 어렵다면?

자, 여기 그것을 돌려놓을 수 있는 방법이 있다. 결과를 믿는다는 것은 결국 확실성의 감각을 갖는 것이다.

당신은 부정적인 일에 대해서는 분명 그것이 일어날 것이라는 확실함의 감각을 갖고 있는데, 이런 감각을 느끼는 데 사용하는, 발달이 잘된 뇌 근육을 이제는 긍정적인 결과에 대한 확실함을 얻는 데 써보는 것이다.

방법은 이렇다. '멋진 것을 무서워하라'.

당신이 마법으로 얻고 싶은 것이 신년을 함께 할 멋진 애인을 사귀는 것이라고 해보자. 이제 물질화를 가르치는 대부분의 평범한 교사들은 당신에게 다음과 확언을 스스로에게 되뇌라고 가르칠 것이다.

"나는 최고의 선을 위해 영혼의 진정한 파트너를 받아들이겠다고 확언합니다. 이 놀라운 사람과 함께 할 사랑을 생각하면 행복합니다. 이제 나는 새로운 사랑을 받아들입니다."

음. 어떤가. 이런 게 통했는가?

내 경우를 한번 생각해보면… 아니, 통하지 않았던 것 같다.

당신도 알다시피 그러한 긍정적인 확언을 했을 때 내면에 갈등이 일어나거나 무의식적인 저항이 발생하면(분명 그럴 거라고 거의 확신한다. 그렇지 않았더라면 당신은 원하는 결과를 진즉에 물질화했을 것이므로) 당신은 무의식적으로 그러한 행복한 것들을 바로 무효처리 해버린다.

표면적으로는 그것에 대해 아무리 심상화를 하고 확언을 해도 당신은 그것을 허튼소리로 치부하고 실제로는 딱히 믿지 않는다.

흔히들 가르치는 '긍정적인 결과가 생기리라고 믿는 것'에는 기이한 부정의 요소가 들어 있다. 긍정을 믿는 것은 대놓고 솔직한 것만큼 효과적이지 않다. 정직이야말로 최고의 방책인데, '멋진 것을 두려워해보면' 당신은 자신이 원한다고 생각하는 행복한 결과를 사실은 경멸하는 솔직하고 무의식적인 당신의 일면을 끄집어낼 수 있게 된다.

구체적인 방법은 이렇다. 다음의 말을 스스로에게 해보면서 당신의 두려움을 드러내보라.

"아 세상에. 내 인생에 이렇게 멋진 새 파트너가 생길 수밖에 없는 이 필연을 막을 수만 있다면. 이거 너무 끔찍한데. 이제 내가 좋아 죽는 섹시하고 건강하고 제정신인 애인이 생긴 거잖아. 끔찍하기 짝이 없는 일이야. 내 독신 생활이 이렇게 비극적으로 단칼에 끝나다니 정말 슬퍼. 이 새로운 사랑 앞에서 나는 너무 무기력하군. 이 일이 피할 길 없이 일어나리라는 사실은 난 그냥 알아. 어휴. 사랑 속에서 완벽하게 충만함을 느끼는 이 가혹하고 무서운 운명에서 어떻게든 벗어날 수 있다면 소원이 없겠네."

아아아아, 당신, 이 말에 담긴 솔직함이 느껴지는가?

상쾌하지 않나?

멋지고 새로운 연인이라는 개념 자체를 역겨워하고 치를 떨어대는 어떤 그림자적인 면모가 당신에게 있지 않나?

그렇지 않았다면 당신은 진즉에 빛나는 사랑의 등대가 되어 만나자마자 이글이글 타오르는 상대와 사랑에 빠졌을 것이다.

당신도 바로 그 빛나는 사랑의 등대가 될 수 있다. 새로 사귄 우리 '자~기'라는 생각 자체에 치를 떨며 격렬하게 증오하는 일면을 포함해 당신의 모든 부분을 포용하고 수용할 의지만 있으면 된다.

물론 '멋진 것을 무서워하기' 원칙은 적용할 수 있는 대상이 무궁무진하다. 엄청나게 좋아질 수밖에 없는 건강, 휘몰아치는 창조력, 커리어와 사업의 급부상 등으로 먼저 시작해보자.

막간

변성 경험의 이야기들

실존적 변태 수업은 나로 하여금 세상이 자존감 문제라고 진단하는 것의 뿌리에 가닿을 수 있게 도와주었다. 수년간 치료사들은 내가 나를 제대로 내세우지 못하고, 너무 소심하며, 필요할 때도 내 의견을 피력하지 못한다고 말했다. 그들은 이러한 문제의 원인으로 부모님을 소환하거나 "목소리를 내는 게 너 자신을 존중하는 태도다"라고 말하는 것 이상으로 나아가지 못했다. 이 조언은 사실상 별 도움이 안 됐다. 그저 내가 나약한 사람이구나 생각하게 만들 뿐이었다. (그리고 실제로 모든 것을 차치하더라도 내 부모님은 상당히 좋은 분들이셨다.)

실존적 변태 수업을 시작했을 때 사실 나는 내 '자존감 문제'에 이것을 적용할 생각은 전혀 하지 못했다. 나는 수년간 마법을 공부했지만 그것을 내 삶에 잘 적용하지 못하고 있었다. 아무리 책을 많이 읽고 의식(ritual)을 해도 삶은 시시하게 느껴졌고 어떻게 해야 달라질 수 있는지 알 수가 없었다.

EK를 시작하면서 나는 아무렇지 않은 척하는 내 모습 또는 마법 없는 삶을 사는 척하는 모습과 관련해 여러 다른 '터치'를 무수히 시도해보았으나, 사람들이 말하는 찌릿한 전율 같은 건 전혀 경험하지 못했다. 몇 주간 노력해도 별다른 성과가 없어서 나는 이 과정이 내게는 안 맞는다고 생각하기 시작했다.

실마리가 풀린 건 파트너와 싸우면서였다. 다행히도 나는 EK가 머리에 박혀 있을 만큼 (매일) 생각하고 있었던 터라 좋아하지 않는 모든 순간에 EK 원리를 적용시킬 수가 있었다.

이제는 왜 싸웠는지도 모를 말다툼(이유는 사실 하나도 중요하지 않았다) 끝에 나는 다시 내 의견을 굽히고, 내 욕망을 내려놓고, 파트너가 원하는 것을 들어주고 내 계획은 포기해버렸다. 예전 같았으면 나 스스로에게 넌더리를 내거나 약해 빠졌다며 자기비하에 빠졌을 상황이었는데 이번에는 이완하여 그 느낌을 그대로 느꼈고, 그것을 즐겨도 된다고 스스로에게 허용했다.

그리고 진짜 즐기는 데 성공했다. "나는 다른 사람들의 결정에 투항하는 순교자가 되는 게 좋아"라는 생각이 떠오르면서 놀라우리만치 선명한 육체적 쾌락이 나를 휩쓸고 지나갔고 머리가 맑아졌다.

육체적, 정서적, 지적 수준에서 나는 다른 사람들의 신념과 욕망에 묶여 있는 상태를 즐겼다. 그것은 나에게 "내가 옳다"는 느낌을 주었고, 나는 그들이 나를 피해자로 만든 것에 죄책감을 느낄 때마다 어마어마한 쾌감을 느꼈다. 나는 "내 말이 맞았지?"라고 말하는 걸 솔직히 하나도 싫어하지 않는다. 하지만 내 의견을 내세우면 순교자의 행복을 경험할 수 없게 된다. (알겠나, 치료사들? 이건 자존감 문제가 아니다.)

이 깨달음 이후 나는 이런 패턴이 등장할 때마다 이를 더욱더 명료하게 인식하게 되었다. 그러자 언제 이 패턴에 흠뻑 빠질지(그렇다, 당신은 진짜로 제대로 빠져볼 수도 있다), 언제 내려놓을지를 선택하는 게 훨씬 쉬워졌다. 이 패턴이 재미있게 느껴지는 시간이 길어질수록 그것의 부정적인 영향력은 줄어들었다. 마치 패턴의 감정적 중심이 부정성에서 긍정성으로 바뀌어 이제는 내가 휘둘리지 않고 그것을 통제할 수 있게 된 것 같았다.

이 패턴이 완벽하게 사라졌다고 말할 수는 없다. 하지만 지금의 나는 이 패턴을 없애야 할 필요성조차 느끼지 못한다. 그것은 자기가 원할 때 사라질 것이다. 사라지지 않는다면 나는 내가 원할 때 그냥 계속 즐길 것이다. 스스로를 나약하다며 비난하는 데 묶여 있던 그 모든 에너지가 이제는 해방되었다. 그리고 이제 나는 예전보다 훨씬 재미있어진 삶에서 그 해방된 에너지를 쓰고 있다. 물론 나는 여전히 이 느낌, "나는 지금 해야 할 일을 다 하지 않고 있어"에 대해 아직도 작업할 거리가 많다. 하지만 나는 이것을 이제 도구로 사용하고 있으며, 이 도구는 확실히 유용하다.

오래된 관계 패턴을 해소하다 — 메건Megan

나는 통제당하고, 무시당하고, 이용당하고, 학대당하는 느낌이다. 감정적으로 휘둘리고, 너무 쉬운 사람 취급당하고, 존중받지 못하고, 외면당하고, 하찮은 취급을 받고, 혹사당한다. 그런데 빌어먹게도 이게 너무 흥분된다. 더 이상 내가 이걸 즐기지 않는다고 아닌 척하지 않겠다.

많은 다른 사람들처럼 나에게도 이 불쾌한 관계 문제가 있었다. 내가 진지하게 임한 모든 애정 관계는 상당히 극단적이었다.

겉으로는 공통점이 하나도 없는 사람들이었지만 그들은 하나같이 내게 언제나 똑같은 느낌을 안겨주었다. 바로 통제당한다는 느낌이자 무력감이었다. 솔직히 말해 내 인생이 없어진 것 같은 느낌이었다. (그리고 실제로 관계를 끝내기 전까지는 내 인생이랄 게 없었다.)

나는 애인과 그야말로 끝도 없이 싸웠고, 억눌린다는 느낌이 한계에 이르면 분노를 폭발하는 내 양상은 주기적으로 이어졌다. 상황은 전혀 달라지는 기색이 없었다. 심지어 사람이 바뀌어도 마찬가지였다. 오히려 다음번 선수가 등장하면 전보다 더 악화될 뿐이었다.

내 파트너는 대부분 직장이 없는 창조적이고 자유로운 영혼들이었다. 혹은 나랑 사귀고 있을 때만 공교롭게 직장이 없었다. 한 명은 내가 직접 고용을 하기도 했는데 얼마 지나지 않아 해고할 수밖에 없었고 그 뒤로 오래도록 질긴 협박을 받았다. 사업자금을 내가 모두 대고 동업을 한 사람도 있었다. 하지만 사업이 기울면서 그 사람과 인연을 끊기 위해 한참 애를 먹기도 했다. 이런 일은 계속 이어졌다.

나는 언제나 내가 선택을 제대로 못해서 이런 일을 당했다고 생각했다. 이런 사고 과정은 충분히 익숙하지 않나? 나는 정말 그렇다고 믿었다. 물론 나도 우주가 자신의 신실한 자녀들을 데리고 한다는 '미러링' 놀이에 대해 들어보기는 했다. 두 사람이 서로에게 끌리는 건 결국 둘 사이에 공명하는 부분이 있기 때문이라는 이야기 말이다. 하지만 이 말이 사실 제대로 이해된 적은 없었다. 나는 그저 선을 더 잘 긋는 법을 배우고, 전반적으로 더 강하고 현명한 사람이 되고, (이거 중요하다!) 다음번에는 다른 선택을 하도록 노력하라는 말인 줄 알았다. 하! ('다른'이라는 말은 완곡어법이고 '더 나은'이라는 말이 내 의도에 더 가깝다.)

게다가 나는 이 말을 무시하지도 않았다. 진심으로 믿었다. 하지만 지금 내가 내린 결론은 이렇다 — 우리의 기준은 재설정되어야 한다. 하지만 우리가 스스로에게 말하는 이야기 역시 재설정이 필요하다. 그리고 그 똑같이 반복되는 이야기를 바꿔야 하는 순간은 자연스럽게 찾아온다.

EK를 시작했을 때 나는 모든 걸 내려놓은 참이었다(왜 언제나 우리는 이 순간에 도달해야 하는 것일까?). 맨 처음 해본 EK는 기묘했다. 침대에 누워 이러한 느낌들을 있는 그대로 느껴보려 했을 때 내가 사실은 그 모든 것에 흥분하고 있다는 것을 깨닫고 얼마나 놀랐는지 상상할 수 있겠나! 나는 완전 신이 났다. 내 모든 시나리오에는 스스로를 채찍질로 벌할 때의 찌르르한 통증 그 이상이 있었다. 내가 그걸 즐겼다고 해두자!

이후 몇 주간 경험이 점차 깊어지면서 나는 내 몸에서 느껴지는 이 이상하고 무언가를 환기하는 듯한 감각이 매력적인 초점 포인트가 될 수 있다는 사실을 깨닫기 시작했다.

그전까지는 이러한 느낌이 존재하는지도 알아차리지 못했

던 만큼 나는 이 사실에 완전히 매료되었다.

나는 언제나 생각이 너무 많은 사람이었기 때문에 아마도 내 주의가 온전히 몸쪽으로 내려간 것은 이때가 처음이었을 것이다. 나는 언제나 명상이 어려운 사람이었다.

하지만 새롭게 발견한 이 감각을 초점 삼아 연습을 계속하면서, 그리고 감각을 있는 그대로 단순하게 즐기면서 내면의 공간이 넓어지고 명료함이 더욱 선명해지면서, 나는 통찰이라고밖에 말할 수 없는 깨달음을 얻기 시작했다. 지금에야 이것이 감각과 함께 가만히 앉아 그것이 그 상태로 존재할 수 있게 허용해줄 때 일어나는 일임을 안다. 이 수용과 허용의 상태에서 어느 순간 호기심이 일어나고, 당신은 자연스레 답을 찾기 시작한다. 그러면… 답이 나온다! 당신이 해야 할 일은 그저 가능성에 마음을 여는 것뿐이다. 수년간 당신이 스스로에게 말했던 지겹도록 똑같은 이야기가 아닌 다른 무언가가 있을 수 있다는 그 가능성.

첫 번째 통찰은 기억으로 왔다. 데이트는커녕 찰나의 기회도 주지 않고 재빨리 마음의 문을 닫아버렸던 그 모든 남자들에 대한 기억들. 혹은 좀더 나이가 많은 남자, 혹은 좀더 성공한 사람들과 만나지 않는 나를 이상하게 생각하는 친구들에 대한 기억.

다른 것들도 기억이 났다. 내 곁에 진짜로 있어줄 수 있고 나한테 관심을 보인 사람은 예외 없이 모두 내가 거절했다. 특히 돈이 있고 자기 사업체가 있는 사람은 왠지 끌리지가 않았다. 나도 그런 사람을 좋아하고 싶었지만 그냥 마음이 움직이지 않았다. 내가 결국 선택한 모든 남자들은 어딘가 달랐다. 나는 내가 자유로운 영혼이라서 그런 남자를 사귀어야 한다고 생각했다. 그 외에도 또 다른 패턴이 있었다. 바로 내가 가질 수 없는 사람과 사랑에 빠지는 것이었다.

EK 연습이 촉발한 호기심 덕분에 나는 내 의식의 처리 과정이 조금씩 균열을 보이며 깨지고 있다는 사실을 깨닫기 시작했다. 통찰 역시 같이 왔다. 모든 사람에게 오지랖을 부리면 내가 극도로 중요한 사람처럼 느껴졌다. 나는 여왕이고 나머지 모든 사람들은 내 백성이 된 것 같은 기분. 나의 불쌍한 족속들 같으니! 나는 절대 실수가 없고 완벽한 삶을 꾸리는 사람이므로 다른 사람들을 도와야 하고 그들의 욕구를 우선시해야 한다. 그들은 나처럼 운이 좋은 사람이 아니니까.

나는 중요하고 가치 있지만 동시에 번잡하고 이용당한다는 느낌을 받았는데, 나는 이 느낌이 성적으로 어마어마한 흥분을 자극할 뿐 아니라 1) 나로 하여금 내 창작 프로젝트에 많은 시간과 노력을 들이지 못하게 방해하고(내가 실패할 경우 나는 완벽하지 않으므로) 2) 나한테 잘 맞는 사람을 만나지 못하게 방해한다는 사실(절대 시간이 나지 않기 때문에. 설령 시간이 난다고 하더라도 배터리 충전을 위해 나는 혼자만의 시간이 필요하다)을 깨닫게 되었다.

어느 날 저녁, 균열은 완전히 깨져 나는 활짝 열렸다. 의식이 완전히 이완되어 나는 그저 눈을 감고 꿈결 같은 상태로 빠져들었다. 그리고 거기서 나는 한 남자의 이미지를 보았다. 그는 비싼 옷을 입고 있었다. 비즈니스 정장 같았다. 그런데 갑자기, 어떠한 전조도 없이 그의 얼굴이 점점 선명해졌다. 그리고 그 이미지는 내 아버지로 변했다! 나는 즉시 움츠러들었고 눈을 번쩍 떴다.

갑자기 닥친 아픈 진실이었다. 생각만으로도 아플 정도였지만 이제는 그것을 분명하고 명료하게 볼 수 있다. 나는 부정할 수가 없었다. 내가 지금껏 그런 관계를 의도적으로 선택하고 만들어온 까닭은 무서웠기 때문이었다. 그러지 않았을까? 그들에게 내게 필요하지 않다면, 그러니까 그들이 가족을 버리고 떠난 아버지처럼 독립적이고 경제적으로 성공한 사람들이라면… 안 되지. 안 돼. 그들은 아버지처럼 나를 또 떠날 수 있었다.

이렇게 추악한 진실을 정면으로 마주하면 솔직히 예전으로 돌아갈 수가 없다. 그냥 묻고 숨기는 건 더 이상 불가능하다.

자유로운 영혼이라서? 변덕이 심해서? 하! 그게 아니었다. 거부당하는 게 두렵고 진지한 관계가 무서웠던 나는 어떤 식으로든 내가 주도권을 쥘 수 있는 사람하고만 관계를 맺기 위해 노력했다. 그러니 여러분, 진짜 통제를 하고 있던 사람은 누구였을까? 그 사람들? 아니면 나?

나는 내게 통제권이 없는 척했지만 사실 내 상황을 조정하고 있던 사람은 바로 나였다. 이렇게 하면 나는 자유롭게 흐름을 따라갈 필요가 없었고 마음을 열고 솔직하게, 순수하게, 그리고 가슴으로 인생을 살 필요가 없었다. 취약해질 필요가 없었다. 이렇게 강한 통제적인 면을 솔직하게 인정하지 못했기 때문에 나는 이 부분을 다른 사람들에게 투사했고, 그 결과 나는 과거의 관계에서 지나치게 통제당한다고 느꼈으며, 그 강도는 연애가 반복될수록 더더욱 심해졌다.

이 작업을 한 지 몇 달이 지났다. 그렇다면 백만 달러짜리 질문 하나. 나는 좋은 사람을 만났는가?

대답은 '아니요'. 아직 만나지 못했다. 하지만 나는 완전히 다른 사람이 되었다. 자신감이 생겼고, 흥분되고, 즐겁고, 현실감이 더욱 강해지고, 감사하고, 자비심과 자기 자비가 넘친다. 나는 언제나 무력하다고 느꼈지만 재미있는 건 나는 분명 내내 힘을 행사했다는 사실이다. 분명히 알아야 할 게 우리에게는 언제나 힘이 있다. 단, 이것이 우리의 그림자를 통해 무의식적으로 표현될 경우 언제나 문제를 일으킬 뿐이다. 나는 감사하게도 내 그림자를 받아들일 수 있었다. 그리고 이 감사함과 수용은 우리의 가장 어두운 자아 안에 숨어 있는 진실을 사랑하게 될 때 비로소 얻어질 수 있다는 사실을 알게 되었다.

평생을 반복해온 패턴을 깊게 탐구하고 나자 과거의 그 상황들이 마치 다른 사람의 인생인 것처럼 멀게 느껴진다.

물론 어떤 면에서는 그 말이 사실이다.

금요일 밤의 붐비는 공항은 싫은 상황으로 가득하다. 남편과 나는 가족 결혼식에 가려던 참이었다. 토요일에 결혼식에 갔다가 일요일에 돌아오는 짧은 여행이었다. 하지만 탐욕이 끝이 없는 항공사는 우리가 탈 비행기의 승객을 한도 이상으로 받았다. 우리는 좌석 배석을 요청하기 위해 불만 가득한 승객 십수 명과 함께 줄을 섰다. 카운터 뒤에 앉아 있던 직원이 고개를 흔들었다. "손님이 명단에 올라와 있기는 하지만 손님 앞에 대기자가 많습니다. 한 분 아니면 두 분 모두 좌석을 구해드릴 수는 있지만 두 분이 같은 비행기는 분명히 못 타실 거예요." 우리는 터미널에 앉아 전광판의 대기자 이름이 점점 길어지는 것을 보고 있었다.

그해 들어 최소 세 번째로 남편은 다시는 이 항공사를 이용하지 않겠다고 맹세했다. 나는 남편 말에 대답할 기운도 없었다. 완전 엉망진창이었다. 이 비행기가 그날 밤 마지막 비행기였고 다음 날 아침 첫 비행기를 탄다 해도 결혼식에는 늦을 수밖에 없었다. 어쩌다가 이렇게 짜증 나는 상황에 말리게 된 거지? 이코노미 플러스 좌석을 예약해야 했다. 온라인으로 체크해야 했어. 수성에게 원활한 여행이 되게 해달라고 빌어야 했다. 온통 후회가 밀어닥치던 그때….

머리 뒤편에서 작은 목소리가 "갖고 있다는 것은 그것을 원했다는 증거다"라고 외쳤다.

나는 당시 실존적 변태 수업을 한 달 정도 연습하던 차였다. 덕분에 나는 내가 다른 사람들의 요구에 굴복하는 순교자 역할을 얼마나 좋아하는지 알게 되었다. 나는 다음과 같은 말을 할 수 있는 상황을 만들고자 굉장한 에너지를 썼다. "나는 지금 당장 명상을 하고 싶지만 남편은 나랑 영화를 보고 싶어 해. 나는 너무 착하고 사려 깊고 성자 같은 사람이라 남편을 행복하게 해주기 위해 내가 원하는 것을 포기할 거야. 그런 다음…." 그리고 이 지점에서 내 머릿속 목소리는 보통 라이온 킹의 스카Scar 목소리로 변신하여 독백을 한다. "나는 뒤끝 있게 억울함을 은밀하게 곱씹으며 어둡고 고독한 침묵 속에서 수동공격적인 복수를 계획할 것이다. 음하하하하!"

내가 즐거운 마음으로 그 패턴을 마음껏 탐닉한 게 이미 몇 주차였다. 그것은 점차 말 털로 만든 낡고 추레한 코트 또는 상황에 따라 목에 폭신하게 두를 수도 있고 분리할 수도 있는 우스꽝스럽지만 너무 예쁜 액세서리 같은 느낌으로 구체화되었다. 이 엉망이 된 주말은 이제는 사랑스럽게 느껴지는 내 인격의 기벽이 만들어낸 결과일까?

아닐 수도 있다. 어쩌면 이 일은 조금 다른 것일 수 있었다. 나는 숨을 깊게 들이쉰 다음, 비행을 싫어하고 이 비행기에 오르고 싶어하지 않는 나를 온전히 사랑하고 받아들이겠다고 대단히 의도적으로 생각했다.

내면에서 어떤 감각이 올라오는지 기다렸으나 몸에서 느껴진 건 긴장과 걱정이 뒤섞인 이전과 똑같은 감각뿐이었다. 명치 부근에 뭔가가 있는 듯도 하고…? 아, 아니다. 그냥 배가 고픈 거였다.

그렇다면 다른 터치를 시도해봐야지. "나는 이 결혼식에 가고 싶지 않다는 사실을 완벽하게 받아들이고 인정한다."

그러자 따스한 붉은 화염이 가슴에서 치솟았다. 뿌듯한 만족과 안도감이 가득 번졌다. 어찌나 놀랐던지 소리가 절로 나왔다.

"어머!"

"왜?" 남편이 물었다.

너무 자명했다. 우리는 언제나 마법을 부리고 있다. 몸을 휩쓸고 지나가는 강력한 쾌감 덕에 확실하게 알게 되었다. 이 좌석 부족 문제는 내가 만든 것이다. "내가 그런 거야." 홍조가 오른 뺨을 가리기 위해 손으로 얼굴을 쓰다듬었다. 교통안전청 앞에서 흥분한 티를 내는 건 좋지 않았다.

남편은 고개를 흔들었다. "당신 탓이 아니야. 망할 놈의 항공사 때문이지. 고객 서비스가 이렇게 엉망이어서야…." 나는 남편 말을 무시했다. (내 순교자 콤플렉스를 깨닫게 된 후 남편 말에 신경 끄는 걸 더 잘하게 되었다.) 나는 심장 바로 아래 부근에서 열기를 뿜고 있는 따스한 불꽃에 집중했다.

나에게는 주말에 보내는 시간이 너무나 소중했다. 아침에 일어나 침대에서 빈둥거리며 책을 읽는 것도 좋았고 타로 카드를 하며 내면과 대화하는 긴 오후도 사랑스러웠다. 주중에 하는 생계형 일은 다 잊어버리고 내가 원하는 것을 원하는 시간에 느긋이 하는 게 좋았다. 한밤중에 일어나 쑥차를 마시고 이후에 몽롱한 꿈을 음미하는 게 좋았다. 여행은 물 건너갔으니 이제 그 모든 것을 할 수 있었다. 저절로 입술이 휘며 미소가 지어졌다. 나는 남편이 이런 내 모습을 보지 못하도록 고개를 돌렸다.

불꽃을 크게 키웠다. 나는 이번 주말을 최고로 재밌게 보낼 참이었다. 여러 가능성을 탐색하고 있자니 아릿하게 따뜻한 기운이 가슴에서 퍼져 팔다리까지 뻗어갔다. 왜 나는 애초에 결혼식에 가겠다고 했던 걸까? 이번 주말은 나만의 시간으로 삼아 혼자 하고 싶은 일에 푹 빠져서 즐겁고 기분 좋게 보내야겠다. 잠시 짬을 내어 남편과 영화를 보면서 너그러운 기분과 이용당한다는 달콤한 느낌을 즐기는 것도 좋겠지. 그 모든 따분한 친척들을 볼 필요도 없고, 춤추기 싫다는 남편을 억지로 끌어낼 필요도 없고, 또….

엄마를 보지 않아도 된다. 나는 엄마를 보지 못하게 된다.

따뜻하게 출렁이는 바다 위로 작은 얼음 하나가 떨어졌다. 불꽃이 타닥 소리 내며 튀었다. 나는 분명 결혼식에는 가고 싶지 않았다. 하지만 결혼식장에서 엄마를 만나는 건 기대하고 있었다. 최근 친구가 돌아가시고 친척이 투병을 하는 등 힘든 시간을 보낸 엄마였다. 내가 빠지면 그렇지 않아도 엄마의 심란한 마음이 더욱 무겁게 가라앉을 게 뻔했다.

한숨을 쉰 나는 남편에게로 고개를 돌렸다. "우리 다음 주에 약속 있어?" 남편이 얼굴을 찌푸리며 말했다. "메건Megan네 집들이."

"나는 안 갈래. 다음 주는 조용히 보내고 싶어."

"이해해." 남편이 어깨를 으쓱했다. "내가 대신 갈게."

나는 고개를 끄덕이고 전광판을 쳐다봤다. 대기자가 40명이 넘었다. 게임판을 진짜 이렇게 촉박하게 뒤바꿀 수 있을까? 시도해본다고 손해 볼 건 없었다.

나는 내면으로 주의를 집중했다. 나는 다음 주에는 무엇이든 할 수 있다. 욕망은 충족을 통해 진화한다는데, 나는 그 욕망을 완전히 충족할 것이다. 그러니 이번 주에는 엄마를 봐야지. 나는 마음속으로 엄마를 떠올렸다. 엄마가 나를 보고 미소 짓는 모습을, 나를 포옹하며 "오랜만이다"라고 인사할 때의 느낌이 어떨지를 상상했다.

따스함이 흩어졌지만 그 중심에 있던 작은 얼음 역시 사라졌다. 얼음이 사라진 그 자리에서 나는 올이 다 풀린 어릴 적 담요 같은 부드러운 편안함을 느꼈다. 결혼식을 빼먹는 것만큼 섹시하거나 제멋대로인 느낌은 아니었지만 기분이 좋은 건 여전했다. 다음 주에 혼자 얼마든지 시간을 보낼 수 있다고 생각하자 결혼식에 진심으로 가고 싶어졌다.

이제 내가 원하는 게 뭔지 알았으니 원하는 걸 요청할 시간이었다.

목표 — 내가 정말 정말 원하는 — 에 집중하자 내면의 무언가가 달라졌다. 장난기가 느껴질 만큼 기분이 확 들뜨는 게 느껴졌다. 나는 내가 원하는 상황을 확실하게 마법으로 만들어내겠다고 결심했다. 예약이 꽉 찬 비행기에서 두 좌석을 기필코 얻어내면 기분이 정말 좋겠지.

데스크 직원이 10분 후 내 이름을 불렀다. "한 커플이 방금 비행기를 못 탈 것 같다고 전화를 하셨네요. 손님과 남편분이 타시면 될 것 같아요." 그녀는 비상구 열에 있는 좌석 두 개의 탑승권을 건넸다. 우리가 대화를 한 이래 처음으로 직원이 웃으며 말했다. "이 티켓은 고객님께 가야 할 운명이었나 봐요."

"그런가 봐요. 감사합니다."

그렇게 나는 당근 주스, 미모사, 그럭저럭 괜찮은 시, 좋은 모녀간의 시간으로 버무려진 주말을 보냈다. 게다가 지루한 결혼식을 내내 지키면서 가족 경조사에 끌려온 행복한 순교자로서 이용당하는 느낌도 충분히 맛보았다.

어딘가 으스스한 아저씨 알레이스터 크로울리가 말했듯이 "마법은 내 의지에 따라 변화가 일어나게 만드는 과학이자 예술이다." 내 의지가 어디를 향하고 있는지 파악해야 했을 때 길을 안내한 건 나의 깊고 어두운 욕망들이었다.

3 부
질의응답

"질문은
마법사가 휘두를 수 있는
가장 위대한 도구일지 모른다."

— EK

다음은 실존적 변태 연습을 처음 하는 사람들이 흔히 하는 질문 몇 개를 뽑아 답한 것이다.

> Q. 내가 내 삶에서 벌어지는 꼴 보기 싫은 상황을 흥분할 지경까지 즐긴다면, 나는 왜 그 꼴 보기 싫은 상황이 계속 벌어지도록 놔두지 않는 걸까요? 그렇게 좋아하는데?

A. 당신이 그 상황을 계속 유지하겠다고 결정한다면 분명 그렇게 할 수 있습니다. 혹은 지금까지 그 상황을 증오하고 분노하는 데 썼던 모든 에너지를 새로운 모험을 창조하는 데 투입하겠다고 결정할 수도 있겠죠.

실존적 변태 수업을 통해 삶에서 일어나는 싫은 상황을 미친 것처럼, 장난스럽게, 수치심 따위 모르는 것처럼 즐길 때 우리가 얻을 수 있는 것은 주체성과 의지의 회복입니다. 지금까지는 자신이 그토록 혐오하는 상황에 무력하게 붙들려 있었다면, 이제 우리는 그 상황이 우리가 (무의식적으로) 창조한 변태 게임이었다는 사실을 깨닫기 시작합니다.

지금까지 무의식적이었던 창조의 과정을 의식적으로 자각하고 크게 기뻐하며 수용할 수 있을 때(스스로를 탓하거나 수치스러워하지 않고) 우리는 꼴 보기 싫은 상황에 동일시하는 것을 그만둡니다. 그 상황이 우리를 규정짓는 것 같은 느낌을 내려놓을 수 있게 됩니다.

이 점은 대단히 중요합니다. 인간이 그 무엇보다도 더욱 극렬하게 방어하는 건 본인의 정체성이니까요.

실존적 변태 명상을 하면 이 단단한 방어의 아래쪽을 파고들어 상황을 더 나은 방향으로 돌릴 수 있습니다.

아시겠지만 우리가 어떤 문제로 괴로워할 때 우리를 진짜 괴롭히는 건 문제 그 자체가 주는 직접적인 고통보다는 머릿속에서 맴도는 "나는 최악이야, 나는 완전 실패했어, 나는 이래도 싸, 내가 이래서 돈을 더 못 벌고/행복한 사랑을 하지 못하고/내 몸에 만족하지 못하고/창조력을 제대로 발휘하지 못하는 거야"와 같은 이야기들입니다.

실존적 변태 연습을 하다 보면 "나에게는 불쾌한 상황이 벌어져도 싸다"는 머릿속 이야기가 완전히 틀린 말이라는 사실을 알아차리게 됩니다. '마땅히 겪어야 하기 때문에' 일어나는 일은 세상에 없습니다. 모든 일은 당신이 (어느 수준에서든) 그것을 즐기기 때문에 일어납니다. 우주는 가치의 대차대조표가 아닙니다. 우주는 예술 작품입니다. 물질화는 도덕적 기준에 맞춰 일어나는 게 아닙니다. 그것은 미학적 사건입니다.

당신이 자신의 문제에 대해 어떤 활기차고 재미있고 기이한 즐거움을 느낄 수 있게 된다면 고통의 감각은 여전히 존재할지 몰라도 당신은 더 이상 "나는 그래도 싸다"는 생각으로 괴롭지 않고 그것에 매이지도 않게 됩니다. 당신이 인생의 그 장면을 음울한 엔터테인먼트로 은밀하게 만들었다는 사실이 선명하게 보이기 때문입니다. 그러면 당신은 자유로운 마음으로 당신의 예술성 짙은 비극을 온전히 의식적으로 만끽한 뒤… 당신의 인생을 달콤한 코미디로 바꾸면 됩니다.

사람들이 제일 재미있어하는 엔터테인먼트가 실은 얼마나 음울한 내용인지를 잠시 생각해보세요. 가령 제가 이 책을 쓰고 있는 시간을 기준으로 가장 인기 있는 TV 시리즈 중 두 개가 바로 〈왕좌의 게임〉(Game of Thrones)과 〈워킹 데드^{Walking Dead}〉입니다. 두 드라마 모두 폭력과 슬픔, 고통과 공포로 점철되어 있죠. 또한 주인공들이 자신과 타인의 생존을 위해 온갖 역경을 헤치는 고군분투가 서사의 내용입니다. 내용이 참 무서운데도 사람들은 열광합니다.

인간이 음울한 고통과 공포를 유흥거리로 이토록 즐기는 현실을 생각해보면, 우리가 삶에서 고통스럽고 공포스러운 상황을 무의식적으로 창조하는 게 아주 약간은 가능하다고 생각되지 않나요? 우리가 그런 상황에 '부딪쳐도 싸서'가 아니라, 또는 우리가 실패자나 낙오자라서가 아니라, 절로 손톱을 물어뜯게 하는 그 상황의 긴박함에 끌리기 때문이라면요?

언제나 행복하고, 직장에서도 최고로 잘 나가고, 인간관계도 나무랄 데 없고, 문제나 어려운 점이 하나도 없는 건강한 사람을 TV쇼로 만들면 아마 아무도 보지 않을 겁니다. 유쾌한 코미디에서조차 긴장과 유쾌함을 조성하기 위한 장애물과 딜레마가 존재합니다.

Q. 제가 좋아하는 끌어당김의 법칙 선생님이 말씀하시길, 삶에서 고통스러운 일에 초점을 맞추면 그 일이 더욱 커지고, 내가 원하는 긍정적인 일에 초점을 맞추면 그 긍정적인 일이 제게 끌려올 거라고 했습니다. 실존적 변태 수업을 하면 제 삶의 고통스러운 상황이 어떻게 더 커지지 않는다는 거죠?

A. 실존적 변태 수업은 끌어당김의 법칙의 가르침과 완벽하게 양립이 가능합니다. 사실 진심을 말하자면 실존적 변태 수업이 끌어당김의 법칙 가르침의 다음 단계라고 생각합니다.

이유는 이렇습니다. 저는 끌어당김의 법칙을 따르는 사람들이 말하는 "우리는 진동하는 존재로서 이 진동에 따라 자신의 정서적 에너지에 맞는 상황을 끌어당긴다"는 말이 전적으로 옳다고 생각합니다.

당신이 습관적으로 불행해하고 자기연민에 빠지는 사람이라면 불행과 자기연민을 느낄 만한 일이 점점 더 많이 눈에 띌 가능성이 아주 아주 많습니다. 반대로 당신이 열정적이고 매사 감사함을 느끼는 사람이라면 열정과 감사함을 느낄 만한 일이 점점 더 많이 눈에 띌 가능성이 상당히 많죠.

그래서 저는 저 말에 완벽하게 동의합니다. 제 경험과 관찰을 통해 그게 정말 사실임을 알게 되었기 때문입니다. 하지만 동시에 저는 끌어당김의 법칙에서 주로 가르치는 진동수를 높이는 실천 방법들 상당수가 감정이나 심리에 영향을 끼치는 시간이 너무 짧아서 장기적인 변화를 만들어내는 데는 사실 별 도움이 안 된다고도 생각했습니다.

예를 하나 들어보겠습니다. 몇 년 전 저는 불행과 자기연민에 푹 빠져 있는 사람이었습니다. 아무리 긍정적 심상화나 확언을 해도 그 효과가 1, 2주를 넘지 못했죠. 결국 저는 자기연민과 불행을 느낄 만한 일들을 계속 끌어오고 있었습니다.

게다가 거슬리는 일은 그냥 무시하라는("좋아하는 것에만 초점을 맞춰라!") 끌어당김의 법칙의 일반적인 조언이 제게는 언제나 불가능한 일처럼 보였습니다. 그건 진짜 이상한 부정 같이 느껴졌거든요. 통장 잔고가 마이너스 50달러인 상황에서 내가 부자라고 확언을 하라니? 렌트비로 낼 현금이 '바이브레이셔널 에스크로vibrational escrow*'에 있다는 내 주장을 집주인은 과연 받아줄 것인가? 전기회사와 상수도 회사는 내가 두둑한 수표를 받는 모습을 기가 막히게 심상화한다는 사실을 조금이라도 신경 쓸 것인가? 아니, 당연히 아닙니다. 그래서 저는 끌어당김의 법칙의 이 방법이 언제나 부정직하고 불만족스럽다고 생각했습니다.

반면 실존적 변태 수업은 별난 부정 대신 심오한 자기 정직성에 기대어 감정의 진동수를 깊은 차원에서 영원히 바꿔놓습

---

* 상거래 시 구매자와 판매자 간에 금전이 안전하게 거래될 수 있도록 중개하는 제삼자 서비스. 역자 주.

니다.

당신이 삶의 싫은 상황에 대해 명상을 하고 있는데 그 상황이 얼마나 끔찍하고 말도 안 되는지, 그런 상황을 겪어야 하는 자신의 처지가 얼마나 형편없는지에만 초점을 맞춘다면, 그렇습니다. 그것은 당연히 부정성에 골몰하는 것이고, 그 속에서 빠져 뒹구는 것이고, 심지어 그 불행과 자기연민의 느낌을 확장하는 것이죠. 그런 건 "노 땡큐"입니다.

하지만 만일 당신이 싫어하는 상황을 떠올리는 까닭이 그 상황에서 느끼는 격렬하고 추잡스럽고 찌릿한 쾌락을 스스로에게 충분히 허락하는 연습을 하기 위해서라면, 그건 상당히 다르지 않나요? 이 시나리오에서 당신은 부정성에 빠져 뒹구는 게 아닙니다. 당신은 뜨겁고 짜릿한 환희 속에서 뒹굴고 있는 것입니다.

그리고 환희는 상당히 진동수가 높은 감정이라고 할 수 있지 않겠습니까?

그러니 끌어당김의 법칙 용어로 말하자면 실존적 변태 수업은 사실 긍정적 물질화에 대단히 도움이 되는 정서적 상태에 몰입하기 위한 유용한 도구라고 할 수 있습니다.

게다가 당신의 무의식적 그림자가 창조한 '애인한테 거부당하기, 직장에서 창피당하기(또는 아무거나)' 등에 대해 처음으로 뜨겁고 짜릿한 변태적 환희를 맛보게 되면 당신은 대단히 솔직한 환희를 맛보게 되는 것입니다. 스스로에게 진심으로 진실하기 때문이죠.

"그래 맞다. 내가 이걸 만들었다! 그래 맞다. 빌어먹게도 나의 어떤 면이 이걸 사랑해. 그리고 그런 나의 모습 역시 자기 자신을 즐길 자격이 있어. 나를 구성하는 모든 면모는 하나도 빠짐없이 가치 있고 멋지기 때문이지. 변태 같은 내 안의 그림자까지도 말이야!"

이런 식의 놀랍도록 솔직한 환희는 훨씬 더 영구적이고 강력한 변성을 가져옵니다. 왜일까요?

일단 당신이 눈을 떠서 그것이 진실임을 보게 된다면 다시는 예전으로 돌아갈 수 없기 때문입니다. 당신의 관점은 영원히 바뀌어서 스스로를 연민하던 과거의 느낌으로 절대 되돌아갈 수 없습니다. 당신은 당신 자신의 게임을 꿰뚫게 되었기 때문이죠. 그러니 다음번에 창피하거나 거부당했다는 느낌이 든다면 당신은 아마도 자기도 모르게 감사해하고 흥분할지도 모릅니다. 당신의 그림자가 이 엿 같은 상황을 사랑하고, 당신의 그림자적 욕망이 아름답게 성취되었음을 알기 때문입니다.

또한 영구적인 변성을 일으키는 솔직한 환희의 진동은 삶의 밝은 면에만 기대어 창조된 '높지만 짧게 유지되는' 진동보다 훨씬 강력합니다. 해맑기만 한 밝음에서 나오는 높은 진동수는 냉혹한 현실을 피하지 못하고 맞닥뜨리는 순간(집주인이 문을 두드리는 순간, 짝사랑하는 사람이 다른 사람과 데이트하는 모습을 본 순간 등) 바로 산산조각 날 수 있습니다.

그러니 실존적 변태 수업은 끌어당김의 법칙의 일반적인 접근법과는 다릅니다. 실존적 변태 수업은 그러한 냉혹한 현실을 무시하거나 부정하지 말라고 말합니다. 그 속으로 뛰어들어 가학-피학적 기쁨을 뻔뻔하게 느끼라고 말합니다. 무엇이 되었든 눈치 보지 말고 즐기고, 기이한 부정과 거짓 행복 대신 솔직하게 행복해지라고 말합니다.

그렇게 솔직하게 행복을 즐기다 보면 이전에는 전혀 보이지 않던 놀라운 해결책과 기회들이 보이기 시작할 것입니다. 그리고 이렇게 행복을 탐닉할 때, 삶에서 창조하고 싶은 새로운 것들을 심상화해보세요. 자신의 변태성을 솔직하게 인정한 뒤에는 심상화도 훨씬 더 잘 될 겁니다.

Q. 저는 실존적 변태 수업을 할 때 아무것도 느껴지지가 않습니다. 왜 그럴까요?

A. 실존적 변태 수업을 하기 전에 좀더 깊이 이완해보시기 바랍니다. 뜨거운 목욕이나 깊은 복식호흡은 몸으로 주의를 돌리는 데 도움이 됩니다. 그런 뒤 다시 실존적 변태 명상을 시도해보세요.

이완을 해도 별 차이가 없다면 대개는 우울(이 경우에는 다음번 질의응답을 참고하세요)이나 심한 성적 억압의 문제 때문일 수 있습니다. 만일 당신이 성적인 쾌감을 느끼는 게 어렵다면 그 문제는 이 책으로 도와드릴 수 있는 범위를 넘어섭니다.

그런 경우 성적 트라우마 치료에 경험이 있고 환자가 감각을 경험할 수 있게 도와주는 평판 좋은 치료자나 보디워커 bodyworker에게 상담받는 것을 적극 추천합니다.

Q. 저는 우울합니다. 실존적 변태 수업을 할 때 무언가를 느끼는 게 어렵고, 연습을 해서 기분이 더 우울해지지는 않을까 걱정도 됩니다. 어떻게 해야 할까요?

A. 참 힘드실 것 같아요. 저 역시 살면서 여러 차례 우울증으로 고생을 했기 때문에 우울증이 얼마나 고통스러운지 압니다.

실존적 변태 기본 명상 소개글에서 언급했듯이 저는 우울할 때는 실존적 변태 수업을 활용하는 것을 절대 권하지 않습니다. 제 경험과 관찰에 근거할 때 그런 경우 생각을 반추하며 자책하거나 자기를 채찍질(즐거운 종류가 아닌)하게 될 가능성이 큽니다.

EK에서 말하는 흥분이 일어나려면, 즉 싫은 상황이 주는 강렬한 감각을 짜릿한 쾌락으로 변성시키려면 자유롭게 흐르는 좋은 에너지와 유머 감각이 어느 정도는 당신의 시스템 내에 이미 존재해야 합니다. 불을 피우려면 산소가 있어야 하는 원리와 비슷하죠. 좋은 유머 감각과 에너지는 EK라는 불을 피우기 위해 필요한 산소 같은 존재입니다.

우울증은 어떠한 것에서도 즐거움을 느끼지 못하는 상태라할 수 있습니다. 별나고 변태적인 당신의 무의식적 욕망과 현실은 말할 것도 없구요. 하지만 당신이 우울하여 EK가 지금 최고의 도구가 되지 못한다고 해서 당신이 무의식을 의식화하는 용해(solve) 과정을 못한다는, 그래서 당신의 의지를 통합할수 없다는 말은 아닙니다. '최악의 두려움 목록'과 탐구는 왜곡된 허튼소리의 층을 벗겨내고 기운을 북돋는 데 도움이 되는, 대단히 탁월한 용해 방법으로서 우울감에서 벗어나는 데 큰도움이 됩니다.

제가 우울했을 때 바이런 케이티의 '작업'이 정말로 큰 도움이 되었습니다. 우리 인간은 자기 자신과 타인에 대한 부정적인 이야기를 믿음으로써 스스로를 우울하게 만드는 경향이 있습니다. 이 이야기에 질문을 던지면 무거운 기분에서 해방될때가 많습니다. 그러니 꼭 '작업'을 해보세요. 더 자세한 정보는 부록에서 확인하시기 바랍니다.

그 외에도 저는(심리학자나 의료 전문가가 아닌 한 명의 인간으로서 말하건대) 우울증 치료법으로 브라마비하라Brahmavihara 명상 수행을추천합니다.

《사랑 2.0: 연결의 순간에서 행복과 건강 찾기》(Love 2.0: Finding Happiness and Health in Moments of Connection) 책에 일종의

자애 명상이라 할 수 있는 브라마비하라 명상법에 대한 설명이 자세히 나와 있는데, 이것은 강력한 선의를 타인에게 보내는 것입니다.

타인에게 선의를 보내는 게 강력한 변성을 일으키는 명상 같아 보이지 않는다는 걸 압니다만(게다가 EK 특유의 섹시한 스웩도 없죠!) 저뿐 아니라 수천 명에 달하는 제 수업 참여자들의 경험에 비추어볼 때 이것은 한 사람의 감정적 에너지를 바꾸고, 분노와 냉소를 정화하고, 가슴의 거대한 힘을 일깨울 수 있는 지름길입니다.

또한 우울할 때 EFT(Emotioanl Freedom Technique, 정서자유기법)에 대해서도 알아보시기 바랍니다. 경혈을 두드리며 확언을 말하는 치료법인데, 하는 방법은 유튜브에서 쉽게 찾아보실 수 있습니다.

마지막으로 줄리아 로스Julia Ross의 《기분 치료》(The Mood Cure)를 읽고 당신의 증세에 맞는 지침을 따라볼 것을 권합니다. 우울증은 호르몬의 문제인 경우가 많은데, 로스는 대부분의 기분 장애에 대해 연구에 기반한 보충제 목록을 소개하고 있습니다. 저 역시 그녀의 추천 목록이 큰 도움이 되었습니다.

부디 당신이 우울을 잘 떨치고 나오시기를 바랍니다. 참혹한 여정이 될 수도 있으리라 생각합니다. 하지만 제가 앞서 언급한 기분 좋고 유머러스한 에너지가 어느 정도 몸에서 돌게 된다면 언제든 실존적 변태 수업으로 돌아올 수 있다는 사실을 기억해주셨으면 합니다.

Q. EK를 하면 확실히 강렬하게 짜릿한 감각이 느껴집니다. 하지만 오르가즘과는 거리가 멀어요. 제가 잘하고 있는 걸까요?

A. 네. 정말 잘하고 계신 겁니다. EK에서 말하는 흥분이란 이전에는 짜증만 났던 주제에 대해 느껴지는 모든 종류의 즐거움을 뜻합니다.

성기로 느끼는 성적인 오르가즘일 수도 있고, 몸에 전류가 흐르는 듯한 감각일 수도 있고, 단순한 안도감이나 즐거움, 웃음일 수도 있습니다.

EK에서의 흥분이 오르가즘과 비슷한 어떤 절정의 느낌일 수도 있지만, 훨씬 느슨하고 미묘한 붕 뜬 감각, 즐거움, 가벼움 등일 때도 많습니다.

또한 주제에 따라 스스로에게 흥분을 허락할 수 있게 될 때까지 완전히 이완하려면 몇 시간, 며칠, 몇 주, 심지어 몇 달간 연습을 해야 할 수도 있다는 사실을 염두에 두세요. 하지만 설령 몇 달이 걸린다 해도 오랜 시간 지속되어온 부정적 패턴을 영구적으로 바꾸는 데 드는 시간과 노력치고는 상대적으로 아주 짧은 시간이라는 사실 역시 기억해주시기 바랍니다. 대부분의 사람들은 수년간 상담 치료를 받은 후에야 부정적인 패턴을 바꿀 수 있게 되거나, 아시겠지만 아예 바꾸지 못하는 경우도 많습니다. 그러니 EK 과정의 진척이 좀 느리게 보일지라도 여전히 지름길로 가고 있다는 사실을 알아주세요.

또한 여러 싫은 상황 중에서도 상대적으로 흥분하는 게 더 수월한 주제가 있습니다. 어떤 싫은 상황이 가장 흥분하기 쉬운가는 사람마다 정말 다릅니다. 가령 저 같은 경우, 재정적 빈곤 이슈는 흥분하기까지 몇 주밖에 걸리지 않았습니다만 사랑 문제는 거의 6개월 정도가 걸렸습니다. 이 문제를 둘러싼 수치심이 더 컸기 때문에 그것을 부드럽게 내려놓는 데 더 많은 노력이 필요했죠.

저와는 정반대인 분들도 있을 겁니다. 해당 상황에 대해 내가 성공적으로 흥분했는지를 확인하는 방법은 그것에 대해 생각하거나 그런 상황과 맞닥뜨렸을 때 진심으로(냉소적이거나 반어적인 태도가 아닌) 즐겁거나 흥미롭거나 기쁜지 살피는 것입니다.

Q. 제가 지금 삶에서 겪고 있는 싫은 상황은 영혼이 파괴될 것처럼 끔찍하기 짝이 없습니다. 이 상황에서 성적인 쾌락은 말할 것도 없고 일말의 즐거움조차 과연 끌어낼 수 있을지 감이 오지 않습니다. 너무 끔찍해요. 어떻게 해야 하나요?

A. 충분히 이해합니다.

너무 힘든 싫은 상황은 지나치게 벅차서 출발점으로 삼기가 어려울 수 있습니다. 아직 경험해야 할 슬픔이 남아 있을 때 종종 그러하지요.

빛 어둠 인스티튜트에서 훌륭한 워크숍을 진행하는 제 친구 레슬리 로저스와 타니 쏠에 따르면 인간은 삶의 감각을 감정적 스펙트럼을 통해 경험하는데, 이 스펙트럼의 한쪽 끝은 쾌락적 기쁨이고 다른 쪽 끝은 심오한 슬픔입니다. 많은 사람들이 슬픔에 온전히 몰입하는 걸 힘들어합니다만 그렇게 하는 건 매우 중요합니다. 슬픔을 충분히 느끼지 못하면 기쁨도 결코 충분히 느끼지 못하기 때문입니다.

당신이 현재 삶에서 마주하는 싫은 상황이 단순히 짜증스럽거나 난처한 정도가 아니라 극심한 슬픔으로 영혼이 베일 것 같은 느낌이라면 그 상황을 온전히 애도하는 게 당신이 제일 먼저 해야 하는 일입니다.

가령 남편이 당신의 가장 친한 친구와 바람을 피우고 있다는 사실을 알게 된 게 지금 가장 싫은 상황이라고 해봅시다. 제가 아무리 사디스트적인 별종이라고 해도 이런 문제에 대해 곧장 EK를 해보라는 말은 다른 사람한테 절대 하지 않습니다. 큰 상실감이 뒤따르는 온갖 종류의 삶의 경험 역시 마찬가지입니다.

이런 상황이라면 저는 평범하게 슬퍼하는 일에 아주 많은 시간을 쓰시라고 권하고 싶습니다. 그 느낌을 진심으로 느껴보세요. 좋은 상담가를 찾아서 다 털어놓으세요. 가족이나 친구에게 도움을 청하세요. 카모마일 차를 많이 드시고 뜨거운 목욕을 하세요. 음악을 듣겠다고 스스로와 약속을 하세요. 그리고 우세요. 많이 많이 우세요.

실존적 변태 수업의 기조는 절대 부정이 아닙니다. 있는 그대로 온전히 느끼는 게 핵심입니다.

그러니 깊은 슬픔과 배신감이 지금 느껴지는 거라면 그 속으로 온전히 들어가시고 당신이 할 수 있는 가장 깊은 방법으로 애도하세요. 그것을 주제로 행위예술을 해보세요. 배신자들을 닮은 인형을 불태우세요. 하고 싶은 모든 걸 해보세요.

이 애도의 기간을 보내는 중에 EK가 정말 해보고 싶다면 훨씬 순한 맛의 싫은 시나리오(짜증 나는 동료, 차를 정비소에 맡겨야 하는 것, 제일 좋아하는 스웨터가 겨우내 좀이 슬어버린 상황 등)를 주제로 EK 연습을 할 수도 있습니다. 이렇게 하면 EK를 하는 것에 능숙해져서 보다 깊은 문제에 적용할 수 있을 만큼 EK에 대한 신뢰가 차차 두터워질 겁니다.

시간이 지나 당면한 슬픔의 강도가 옅어지면 해당 상황, 당신과 당신의 남편 그리고 가장 친한 친구에 대해 바이런 케이티의 '작업'을 해볼 것을 권합니다.

그 후 다음과 같이 최악의 두려움 목록을 작성해보세요. "친애하는 우주여, 저는 전적으로 신뢰할 수 있고 투명한 사람들을 인생에 두는 게 너무 싫고 화가 납니다.

왜냐하면… _____이(가) 너무나 두렵기 때문입니다."

일반적인 애도의 시간과 탐구, 최악의 두려움 목록을 통해 마음의 평화를 되찾고 예전의 균형감각이 돌아왔다면, 그리하여 몸 안에 다시 좋은 느낌과 유머 감각이 돌고 있다면, 그때 비로소 해당 문제를 EK로 조심히 탐색해볼 것을 권합니다.

Q. 저는 현재 별문제 없이 잘 살고 있습니다만 어릴 적에 그 모든 트라우마로 짓눌려 있지 않았더라면 지금 더 좋지 않을까 하는 생각이 듭니다. 제 유년 시절 트라우마에 대해 EK를 하는 게 좋을까요?

A. 결론만 말씀드리면, "아니요, 하지 마세요."

무의식이 고통스러운 상황을 창조한다는 사실을 일단 이해하고 나면 지금까지 살면서 가장 아팠던 상처로 돌진해 그것에 대해 흥분해보고 싶은 마음이 절로 생긴다는 것을 잘 알고 있습니다. 하지만 저는 그렇게 하는 것을 전혀 권하지 않아요.

첫째, 현재 당신이 겪고 있는 상대적으로 가벼운 싫은 상황에 대해 EK 연습을 하는 것만으로도 파급효과는 커서 불만을 해소하고 훨씬 더 많은 행복과 아름다움, 풍요에 다가갈 수 있습니다.

둘째, 과거의 강렬한 트라우마에 대해 EK를 하는 것은 우울할 때 EK를 하는 것과 같습니다. 이런 EK는 생각만 많아지기 쉬운데, 그건 도움이 되지 않지요.

셋째, 아이의 무의식이 어떻게 특정한 고통스러운 상황을 끌어들이는지 논의할라치면 상황이 상당히 이상해집니다.

제 경우를 들어보죠. 저는 오랜 시간 이 주제에 대해 숙고하고, 명상을 통해 통찰을 얻고, 몇십 년간 의심한 끝에 제 영혼은 매우 고통스러운 특정 유년 시절의 경험에 끌려서 그러한 경험을 겪고자 제 부모의 자녀로 태어날 것을 선택했다는 결론에 이르게 되었습니다. 하지만 저는 이 책의 독자 여러분에게까지 이렇게 전위적인 형이상학적 믿음을 받아들이라고 부탁하고 싶지는 않습니다.

자명한 단순한 사실은 이렇습니다. 어린이는 주변 환경과 주변 사람을 선택할 수 있는 힘이 없습니다. 하지만 성인은 주변 상황을 선택할 수 있는 힘이 얼마든지 있습니다.

그러니 어쩔 수 없이 주변에 의존해야 하는 무력한 어린아이였을 때 겪었던 일이 아닌, 자유롭게 세상을 탐색할 수 있는 성인으로서 본인이 창조한 일에 대해 EK를 하는 게 훨씬 더 좋다고 저는 생각합니다.

하지만 여기에도 경고해야 할 사안은 있습니다. 첫째, 성인의 경험을 온전히 느끼고 다루려면 많은 경우 충분히 슬퍼해야 한다는 사실. 둘째, 2과(공리 일곱 개)에서 논의했듯이 인종차별이나 성차별, 아동 학대 등이 연루된 많은 고통스러운 상황에서는 단순한 개인 무의식이 아닌 집단 무의식에서 기인한 요소가 크게 작용한다는 사실입니다.

제가 '현재'의 난감한 상황에 대해 EK 하는 것을 좋아하는 까닭은 오래된 부정적 패턴에서 해방되기 위해 카르마니 환생이니 하는 실체가 불분명한 영적인 문제를 알아야 할 필요가 없기 때문입니다. 당신은 그저 자명한 심리적 진실에만 의지하면 됩니다. 구체적으로 말하자면, 우리 인간은 의식적 마음과 에고가 결사반대하는 것 ─ 경제적 결핍, 애정이 거부당하는 것, 창작력의 막힘 같은 유쾌한 고전적 패턴 등 ─ 을 욕망하는 가학-피학적 그림자를 억누른다는 심리적 진실이지요.

셋째, 트라우마의 치유를 위해서는 어마어마한 애도가 선행되어야 합니다. EK와 슬픔에 대해서는 위의 Q&A를 참고해 주세요.

다시 한번 말씀드리지만 저는 심리학자도 아니고 의료 전문가도 아닙니다. 다만 트라우마를 겪은 또 한 명의 인간으로서 저는 여러분이 다양한 정규 치료법에 대해 알아보고, 보디워크와 침술을 시도해보고, 친구로부터 많은 도움을 얻고, 가능하다면 여러 아야와스카 ayahuasca* 의식과 합법적인 MDMA(엑스터시) 치유 세션을 받을 수 있도록 백방으로 노력해볼 것을 권할 뿐입니다.

---

* 환각성이 있는, 식물에서 추출한 액체 음료. 역자 주.

아야와스카는 제가 아는 한 깊은 트라우마를 치유하는 가장 유용하고 아름답고 빠른 방법입니다. (저 역시 엄청 큰 도움을 받았습니다.) 연구에 따르면 치료적 맥락에서의 MDMA 역시 트라우마 해소에 상당히 강력한 효과를 발휘한다고 합니다. 저는 여러분이 안전한 공간에서 노련한 힐러의 지도하에만 이러한 종류의 강력한 환각 약물을 사용해볼 것을 권장합니다. 제가 엄청난 히피라서가 아니라 효과가 있기 때문입니다.

트라우마는 치유하기가 대단히 어렵습니다. 심한 내상을 입은 상태에서 일상의 과제를 수행하며 사는 데 정규 치료법이 큰 도움이 되는 것은 맞습니다만, 대화 치료는 트라우마의 핵심에 가닿아 그것을 치유하는 데 여전히 한계가 있습니다.

그런 면에서 환각 약물은 적절하고 현명하게만 사용한다면 좋은 치유 효과를 가져올 수 있습니다.

아야와스카는 현재 미국에서 불법이기 때문에 이것을 경험하고 싶다면 남아메리카로 직접 가셔야 합니다.[**]

페루 아바타 센터(Avatar Centre)에 있는 제 친구 팸[Pam]과 브라운[Brown]은 상당히 노련하고 실력 좋은 아야와스카 의식 리더입니다. 저는 이 두 사람의 세션을 아주 강력하게 추천합니다(심리학자나 의료 전문가가 아닌 한 사람으로서). 해외여행에는 당연히 돈

[**] 대한민국은 마약류에 대해 속인주의를 택하여 강력히 규제하고 있어 해당 약물이 합법인 나라에서 경험한다 해도 예외 없이 처벌받으니, 그저 참고사항 정도로만 읽어주길 바란다. 편집부 주.

과 시간과 계획이 필요하지만 당신이 트라우마를 해소하고 싶은 열망이 강하다면 그만큼의 가치가 있을 거라고 생각합니다.

실존적 변태 수업에 들어가기 전 내가 제일 하기 좋아하는 준비운동이자 기분이 좋지 않아서 실존적 변태 수업을 할 준비가 되어 있지 않을 때 내가 주로 하는 연습은 바로 탐구(Inquiry)다. 탐구는 자기 자신의 인식에 의문을 제기하는 질문을 던지고 내면에서 답을 찾는 숙고 과정이다. 앞서 보았듯이 인간의 인식은 무의식과 문화적 환경에 의해 조건화되어 있고 대단히 의심스럽기 때문에 질문하는 습관을 들이는 것이 좋다.

내가 가장 선호하는 탐구 방법들

1) 바이런 케이티의 작업(The Work)

작업 방법에 대해서는 thework.com에서 무료 정보를 얻을 수 있다. 사람들의 작업을 돕는 바이런 케이티의 많은 영상은 유튜브에서도 볼 수 있다.

작업에 관심이 간다면 바이런 케이티의 책인 《네 가지 질문》(Loving What Is)과 《기쁨의 천 가지 이름》(A Thousand Names for Joy)을 읽어보길 바란다.

2) 옵션 메서드

작업과 유사하지만 대중적으로 덜 알려진 옵션 메서드 역시 습관적인 인식을 탐구하는 과정이다. 옵션 메서드에 대한 내용은 www.optionmethodnetwork.com에서 확인할 수 있다.

3) 세도나 메서드

세 가지 방법 중 가장 직접적인 탐구 유형으로서 어려운 감정을 내려놓는 데 초점을 맞춘 방법이다. 세도나 메서드의 가장 기본적인 방법은 www.sedona.com에서 확인할 수 있다.

세도나 메서드에 관심이 간다면 책 《세도나 메서드》(The Sedona Method)를 사서 읽어볼 것을 권한다. 맥락과 관점이 훨씬 자세하게 설명되어 있기 때문에 더욱 효과적으로 연습할 수 있다.

데이비드 호킨스의 《놓아버림》(Letting Go) 역시 세도나 메서드와 관련된 원리를 다루고 있다.

탐구를 위한 조언

어떤 종류의 탐구를 하든 일반적인 조언을 하나 하자면, 당신이 진실이라고 믿고 알고 있는 모든 것을 잠시 내려놓고 뼛속까지 열린 마음으로 그저 조사해보겠다는 의지를 갖고 연습하길 바란다.

탐구를 하다 보면 진실한 진술이나 명제는 몸에서 느껴지는 반응이 거짓된 진술과는 다르다는 사실을 깨닫게 될 것이다. 진실한 진술(혹은 질문에 대한 긍정적인 답)은 따뜻하고, 부드럽고,

확장되고, 공명하고, 가슴이 열리는 듯한 느낌을 준다. 반면 거짓된 진술(혹은 질문에 대한 부정적인 답)은 꽉 조이고, 무겁고, 힘이 빠지고, 수축되는 느낌을 준다.

가령, '작업'을 할 때 판단을 적고 스스로에게 "이게 진실인가?"(작업의 첫 번째 질문)라고 물었는데 몸에서 조이고, 무겁고, 힘이 빠지고, 수축되는 느낌만이 느껴진다면 이것은 그 판단이 진실이 아니며 불행한 허구임을 알려주는 단서다.

거짓에는 결여된 어떤 부드러운 공명의 울림이 진실에는 있을 때가 많다.

작업을 진행해가며 "그 생각이 없다면 나는 어떤 사람인가?"(작업의 네 번째 질문)라고 물었는데 몸에서 따뜻하고, 부드럽고, 확장되고, 가슴이 열리는 듯한 느낌이 느껴진다면, 그것은 그 생각을 쥐고 있는 것보다 내려놓는 것이 더욱 진실에 가깝다는 사실을 알려주는 단서다.

탐구의 일환으로 스스로에게 질문을 했는데 머릿속이 하얗게 변하는 경우도 많다. 그래도 괜찮다. 가령 나의 경우 옵션 메서드를 할 때 "만일 내가 그것에 대해 불행을 느끼지 않는다면 그것이 나에 대해 의미하는 바는 무엇인가?"라는 질문을 던지면 그냥 머릿속이 하얗게 변해버릴 때가 많다. 나는 그게 무엇을 의미하는지 모른다. 하지만 질문을 던지는 행위 자체만으로도 무언가에 불행을 느끼는 건 '내가 습관적으로 행하는 미묘한 무의식적 선택'이라는 사실임이 환기가 되며, 나는 이

미묘한 선택을 의식화하고 바꾸어 결과적으로 내 운명 역시 바꿀 수 있음을 깨닫게 된다.

그러니 그저 질문을 하는 행위, 탐구를 하는 행위 자체만으로도 언제나 가치롭다. 설령 내가 즉시 답을 찾지 못해도 상관없다. 우리의 인식과 반응의 본질에 대해 질문하는 것은 어쩌면 마법사가 휘두를 수 있는 가장 위대한 도구일지도 모른다. 지금까지 무의식의 영역에 있던 것을 의식화하고 관심의 빛을 비추어주는 것이 바로 질문이기 때문이다.

실존적 변태 수업 도움 자료

실존적 변태 수업은 이 연습을 하는 다른 사람들과 대화를 할 때 가장 깊게 알아갈 수 있다.

실존적 변태 수업을 통해 삶이 달라지고 있는 전 세계의 경험자와 만나고 싶다면 실존적 변태 수업 페이스북 그룹 'Existential Kink Facebook Group'에 가입하라. 이곳에서 여러분의 경험도 공유하고 다른 사람들의 조언도 얻을 수 있다.

www.facebook.com/groups/existentialkink를 방문한 후 '가입요청(request to join)'을 클릭하면 일주일 이내에 가입이 승인된다.

저자가 직접 녹음한 실존적 변태 명상 무료 가이드를 다운받길 원한다면 www.existentialkink.com을 방문하여 이메일 주소를 입력하면 된다.